Lernkrimi Deutsch

Der stille Tod

Dr. Wolfgang Wegner
Andrea Ruhlig
Gabi Winter

Baierbrunner Straße 27, 81379 München
Ausgabe 2024
3. Auflage

Text: Dr. Wolfgang Wegner, Andrea Ruhlig, Gabi Winter
Redaktion: Astrid Kaufmann
Produktion: Ute Hausleiter
Titelillustration: Karl Knospe
Lernkrimi-Logo: Carsten Abelbeck
Gestaltung: EKH Werbeagentur GbR, Editors Genie, Feldafing
Umschlaggestaltung: red.sign GbR, Stuttgart

ISBN 978-3-8174-1868-8
381741868/3

Besuchen Sie uns auf Instagram und Facebook: circonverlag

www.circonverlag.de

Vorwort

Liebe Leserin, lieber Leser,

sicher zum Lernerfolg – mit Spaß und Spannung! Die Compact Lernkrimis mit ihrer Kombination aus Lektüre und didaktischem Übungsanteil eignen sich hervorragend, um breite Sprachkompetenzen in der Fremdsprache zu erwerben. Der Lerner wird dabei durch die spannende Handlung, das angemessene Sprachniveau und den stetig ansteigenden Schwierigkeitsgrad der Übungen gefördert und motiviert.
Entwickelt nach neuesten Erkenntnissen der Fremdsprachendidaktik, sind Compact Lernkrimis das ideale Medium für einen Lernerfolg im Selbststudium. Durch die kleinen Texteinheiten und den hohen Übungsanteil sind sie aber auch als Unterrichtslektüre bestens geeignet.

So lernen Sie mit Compact Lernkrimis:

- **Mit Begeisterung lernen:** Die packende Krimihandlung motiviert Sie beim Lesen des deutschen Originaltextes.
- **Wissen intensivieren und erweitern:** Durch die Kombination aus didaktisch aufbereiteter Lektüre und textbezogenen Übungen testen und trainieren Sie Ihre Sprachkenntnisse effektiv. Vokabelangaben auf jeder Seite unterstützen Sie beim Lesen.
- **Systematisch lernen:** Knüpfen Sie an Ihr individuelles Sprachniveau an und setzen Sie sich eigene Lernziele.
- **Unabhängig sein:** Lernen Sie individuell – wo und wann immer Sie wollen.

Viel Spaß beim spannenden Erlernen der deutschen Sprache
wünscht Ihnen

Prof. Dr. Christiane Neveling
Didaktik der romanischen Sprachen, Universität Leipzig

Inhalt

Der stille Tod 5

Tanz in den Tod 35

Eine mörderische Falle 69

Abschlusstest 104

Lösungen 109

Glossar 113

Verzeichnis der Übungen 126

Der stille Tod

Dr. Wolfgang Wegner

1 Der missratene Sohn

Seit vielen hundert Jahren steht hoch über dem Rhein die Burg Rabenstein. Sie ist nicht zerstört, wie viele andere Burgen, denn sie wird immer noch bewohnt. Seit vielen **Jahrhunderten** lebt hier die Familie Rabenstein. Immer wieder muss etwas repariert werden und im Winter kann es sehr kalt werden. Es ist zu teuer, jeden Raum zu heizen. Doch im Sommer ist es auf der Burg wunderschön und das ist auch der Grund, warum die Familie nicht wegziehen möchte. Außerdem besitzen die Rabensteins ein **Weingut** und die Felder liegen nicht weit von der Burg entfernt.

missraten	*hier*: nicht den Erwartungen entsprechen
Jahrhundert *n*	einhundert Jahre
Weingut *n*	Firma, die Wein produziert
Rauschen *n*	Geräusch von fließendem Wasser

Auch heute ist ein schöner Tag und über der Burg geht langsam die Sonne auf. Am Himmel gibt es keine einzige Wolke. Walter Rabenstein schließt seine Joggingjacke und geht durch die große Eingangstür in den Hof. Er freut sich auf einen wunderbaren Sommertag. In der Ferne hört er das leise **Rauschen** des Rheins. Wie jeden Morgen möchte er fünf Kilometer durch die Felder des Weinguts laufen. Um diese Zeit ist alles noch so ruhig und friedlich. Außerdem kann er beim Laufen über viele Dinge nachdenken. Und

Walter denkt schon seit einigen Tagen wieder über eine neue Idee für ein Geschäft nach. Seine letzte Firma war schon nach wenigen Monaten **bankrott**. Das ist Walter schon mehr als einmal passiert, aber er gibt nicht auf und **gründet** immer wieder neue Firmen. Er hofft, dass er irgendwann den großen Erfolg hat. Dann wird sein Vater endlich zufrieden sein.
In diesem Moment hört Walter eine tiefe, kräftige Stimme über seinem Kopf: „Ah, der junge Herr ist auch schon wach!"

bankrott	man kann seine Schulden nicht bezahlen
etw. gründen	etw. neu schaffen
Graf *m*	Teil eines alten Familiennamens
seufzen	so ausatmen, dass ein Geräusch entsteht
typisch	kennzeichnend, charakteristisch

Übung 1: Lesen Sie weiter und fügen Sie den richtigen Artikel im Nominativ, Akkusativ oder Dativ ein!

die dem dem der ein

Auf ________ einzigen Balkon im ersten Stock der Burg steht ________ alter Mann. Es ist **Graf** Rüdiger von Rabenstein. Er ist schon 83 Jahre alt, doch sein Körper ist immer noch gerade und kräftig. Walter Rabenstein sieht auf ________ Uhr am großen Turm der Burg: Es ist kurz nach sechs. Walter **seufzt**. Er wollte seinem Vater erst kurz vor ________ Mittagessen begegnen. Doch auch am Sonntag steht ________ Graf früh auf. Das ist **typisch** für ihn.

„Der Herr geht lieber joggen, als am Schreibtisch zu sitzen!“ Die Stimme des alten Mannes klingt sehr ruhig. Doch Walter Rabenstein **ballt die Faust**. Er weiß, dass sein Vater ihn **provozieren** will. Walter atmet tief durch und antwortet dann ruhig: „Guten Morgen, Vater. Heute ist Sonntag. Du kannst dich ausruhen und noch mal ins Bett gehen.“

die Faust ballen	die Hand fest schließen
provozieren	etw. tun, um jn. zu ärgern
den Körper straffen	eine aufrechte Haltung annehmen
etw. hinter js. Rücken tun	etw. heimlich tun
scheitern	keinen Erfolg haben

Der alte Mann **strafft seinen Körper**. Dann brüllt er: „Das werde ich bestimmt nicht tun! Wenn ich schlafe, verkaufst du **hinter meinem Rücken** das Weingut. Du bist eine Enttäuschung für mich, ein absolut missratener Sohn! Für das Studium warst du zu dumm und zu faul. Und bei deinen eigenen Geschäften **scheiterst** du immer wieder.“

Nach diesen Worten dreht sich Graf von Rabenstein um und geht wieder in die Burg hinein. Walter sieht ihm nach. Er sagt nichts mehr. Aber seine Wut auf den alten Mann wird immer größer.

Der Rhein fließt zwischen den Orten Bingen, Rüdesheim und Koblenz in einem Tal. Diese sehr schöne Landschaft gehört zum Weltkulturerbe der UNESO (World Heritage) und wird von vielen Touristen besucht. Besondere Merkmale der Landschaft sind die Burgen oberhalb des Flusses und der Anbau von Wein.

Walter Rabenstein beginnt zu laufen. Doch an diesem Tag kann er die Worte seines Vaters nicht vergessen. Eigentlich ist Graf Rüdiger von Rabenstein nicht sein richtiger Vater. Walter wurde von der Familie **adoptiert**, als er fünf Jahre alt war. Der Graf und seine Frau waren keine schlechten Eltern und sie haben ihm jeden Wunsch erfüllt. Aber der Graf wollte, dass sein Sohn **Wirtschaftswissenschaft** studiert und Chef des Weinguts wird.

Übung 2: Ersetzen Sie die unterstrichenen Satzteile durch die entsprechenden Pronomen!

1. Die Sonne geht über <u>dem Fluss</u> auf.

   ____

2. Walter Rabenstein zieht <u>seinen Jogginganzug</u> an.

   ____

3. <u>Der alte Graf</u> ärgert sich über seinen Sohn.

   ____

4. Walter Rabenstein joggt durch <u>die Reben</u>.

   ____

Die Firma soll unbedingt im Besitz der Familie bleiben. Aber das Studium machte Walter keinen Spaß, die Noten waren schlecht. Nach zwei Jahren **gab** der junge Mann **auf** und begann ein neues

jn. adoptieren	ein fremdes Kind als sein eigenes annehmen
Wirtschaftswissenschaft *f*	Wissenschaft, die sich mit Firmen und Finanzen beschäftigt
etw. aufgeben	etw. beenden, das keinen Erfolg bringt

Studium. Diesmal war es **Pharmazie,** aber auch das hat er kurz vor seinem 30. Geburtstag abgebrochen. Seitdem entwickelt er Ideen für eigene Geschäfte. Leider finden die **Kunden** seine Ideen nicht so gut wie er selbst. Walter Rabenstein joggt immer schneller durch die Felder und **Reben**. Er will seine Wut auf den Vater durch den Sport und die frische Luft **vertreiben**.

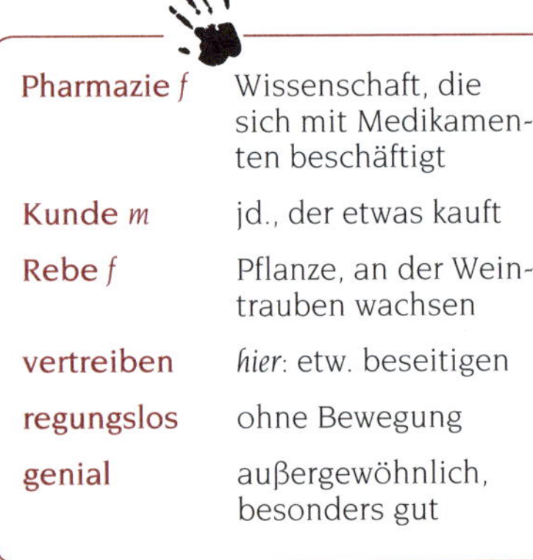

Pharmazie *f*	Wissenschaft, die sich mit Medikamenten beschäftigt
Kunde *m*	jd., der etwas kauft
Rebe *f*	Pflanze, an der Weintrauben wachsen
vertreiben	*hier*: etw. beseitigen
regungslos	ohne Bewegung
genial	außergewöhnlich, besonders gut

Doch heute funktioniert es nicht. Walter wird immer langsamer und nach einem Kilometer bleibt er stehen. Auf der anderen Seite des Rheins sieht er die berühmteste Sehenswürdigkeit an diesem Fluss.

Walter Rabenstein findet eine Bank und setzt sich. Das Laufen ist ihm jetzt nicht wichtig. Er muss nachdenken. Eine halbe Stunde sitzt er **regungslos** da. Zwei Spaziergänger, die vorbeikommen, schauen ihn misstrauisch an. Aber sie gehen weiter und lassen ihn in Ruhe.

Walter denkt über sein Leben nach. Er erinnert sich an seine Kinderzeit auf Burg Rabenstein, an die Mitschüler aus dem Dorf unten am Fluss. Und er denkt an seine Zeit an der Universität. Und bei diesem Gedanken hat er plötzlich eine Idee. Es ist eine **geniale** Idee und sie kann seine Probleme lösen!

Übung 3: Lösen Sie das Rätsel und finden Sie den Namen der Sehenswürdigkeit!

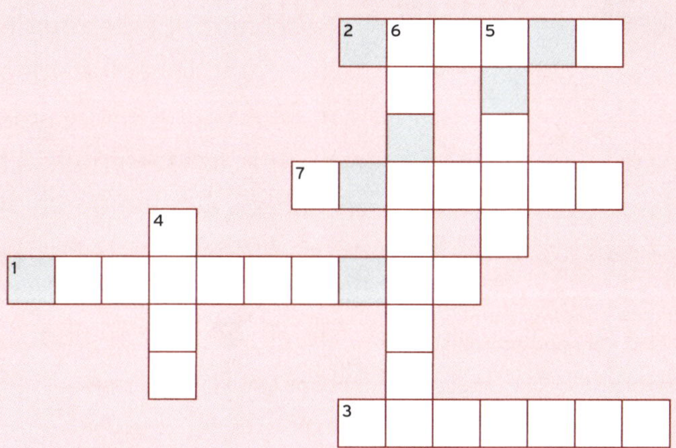

waagerecht:

1. Name der Burg
2. Synonym für *joggen*
3. Das hat Walter abgebrochen
7. Das ist frühes Aufstehen am Sonntag für den Grafen

senkrecht:

4. alkoholisches Getränk aus Trauben
5. Was ist der Rhein?
6. Walter ist nicht das eigene Kind, er wurde ...

Lösung: Er sieht den __ __ __ __ __ __ __-Felsen

Ruhe still!

Der Montag beginnt für Luise Maier wie jeder andere Tag in den vergangenen fünfundvierzig Jahren. So lange ist sie schon **Haushälterin** in der Familie Rabenstein. Jeden Tag kümmert sie sich um das Essen, die Wäsche und die Sauberkeit der Burg. In der ganzen Zeit hat sie nie Urlaub gemacht. Luise steht immer um fünf Uhr auf, geht in die große Küche im Erdgeschoss und beginnt mit den Vorbereitungen für die Mahlzeiten des Tages. Pünktlich um sechs Uhr möchte der alte Herr Graf von ihr persönlich geweckt werden. Er hasst diese modernen Wecker, die immer so laut piepsen.

Haus-hälterin *f*	Frau, die sich um den Haushalt kümmert
tasten	etw. vorsichtig mit den Händen suchen
Vorhang *m*	Stoff, den man vor das Fenster ziehen kann
verrenkt	*hier*: in einer seltsamen Position
Puls *m*	Bewegung des Blutes durch den Herzschlag
Herz-infarkt *m*	Störung der Funktion des Herzens

Genau um sechs Uhr klopft Luise an die Schlafzimmertür des Grafen. Im Zimmer bleibt es ruhig. Normalerweise ist Rüdiger von Rabenstein sofort wach oder wartet schon auf ihr Klopfen. Doch der kräftige Ruf „Herein!“ kommt diesmal nicht aus dem Zimmer. Luise klopft noch einmal etwas lauter. Aber auch diesmal gibt es keine Reaktion des Grafen.

Die Haushälterin bekommt Angst.
„Vielleicht ist ihm nicht gut und er braucht Hilfe", denkt sie. „Er vergisst öfter, seine Tabletten zu nehmen."
Langsam und leise öffnet sie die Tür. Sie will den Grafen nicht erschrecken. Dann betritt sie das dunkle Zimmer. Zuerst kann Luise überhaupt nichts sehen. Erst langsam gewöhnen sich ihre Augen an die Dunkelheit. Vorsichtig **tastet** sie sich zum großen Fenster und zieht die **Vorhänge** auf. Dann schaut sie zum Bett und erschrickt heftig. Graf Rüdiger liegt auf dem Rücken, die Bettdecke ist verrutscht und sein Körper ist merkwürdig **verrenkt**.
„Oh mein Gott!", ruft Luise und eilt zum Bett. Sie sieht sofort, dass der alte Mann nicht mehr atmet. Zur Sicherheit kontrolliert sie seinen **Puls**, aber sie spürt nichts.

Übung 4: Bilden Sie die richtige Pluralform!

1. Jahr ______________________
2. Tag ______________________
3. Zimmer ______________________
4. Stimme ______________________
5. Bett ______________________

Der Hausarzt Dr. Schmidt kommt eine halbe Stunde später auf der Burg an. Er untersucht den toten Grafen und meint: „Tja, er hatte in der letzten Nacht einen **Herzinfarkt**."

„Sind Sie ganz sicher?“ Luise schaut den Arzt **ungläubig** an. „Ja, natürlich“, antwortet Dr. Schmidt und wundert sich über die Haushälterin. „Warum fragen Sie das?“ „Er liegt so komisch.“ Luise überlegt, aber sie weiß nicht, wie sie es besser sagen kann.

ungläubig	mit Zweifeln
lästig	störend, unangenehm
Panik *f*	so starke Angst, dass man weglaufen möchte
einen Anruf machen	jn. anrufen

Der Arzt seufzt. Er findet es immer sehr **lästig**, wenn er medizinische Erklärungen geben muss. Deshalb klingt seine Stimme etwas ungeduldig, als er sagt: „Bei einem Herzinfarkt bekommt man **Panik**. Dann passiert es, dass man sich heftig bewegt und in einer ungewöhnlichen Position liegen bleibt. Aber ich muss jetzt los.“ Dr. Schmidt packt seine Sachen zusammen und ergänzt: „Die anderen Patienten warten. Bitte kümmern Sie sich darum, dass er abgeholt wird.“

Der Arzt verlässt eilig das Zimmer des Grafen und springt in sein Auto, das er im Hof der Burg geparkt hat. Luise sieht ihm hinterher, wie er durch das große Eingangstor fährt. Sie erinnert sich an den Streit zwischen dem Grafen und seinem Adoptivsohn. So etwas gab es oft, doch gestern war etwas anders. Walter Rabenstein joggte nicht los, so wie immer. Diesmal rannte er durch das Hoftor, weil er so wütend war. Er war lange weg gewesen. Jetzt fällt ihr auch wieder ein, dass sie noch etwas Merkwürdiges beobachtet hat. Sie denkt nach, dann sieht sie die Situation in ihrer Erinnerung: Walter steht in der Bibliothek vor einem der großen, vollen Bücherregale. Dann greift er nach einem Buch, öffnet es und liest einen Augenblick darin. Er lässt das Buch liegen und verlässt den Raum.

Jetzt ist Luise neugierig! Sie schaut nach, was Walter noch vor dem Duschen unbedingt lesen wollte.

„Warum liest er in einem Buch über Medikamente und ihre Wirkungen?", fragt sie sich selbst. „Er ist doch gesund." Doch dann findet sie eine Antwort und erschrickt heftig.

„Das darf doch nicht wahr sein!", ruft sie. Sie weiß, was sie tun muss: Sie muss einen Anruf machen.

Übung 5: Wen will Luise anrufen? Lösen Sie die Worträtsel und finden Sie das Lösungswort!

1. zwei zusammen sind ein □ _ _ _
2. Blume, besonders für Verliebte: _ □ _ _
3. einverstanden sein, dass jemand etwas tut: _ _ □ _ _ _ _ _
4. Zeit des Tages zwischen Mittag und Abend: _ _ _ _ _ □ _ _ _ _
5. vollständig: _ _ _ _
6. Ein Gebäude oder Raum betritt man durch den □□ _ _ _ _ _

Lösung: _ _ _ _ _ _ _

Drei Tage später findet die **Beerdigung** statt. Viele Menschen versammeln sich auf dem kleinen **Friedhof** hinter der Burg. Fast alle Bewohner des kleinen Dorfes, alle Mitarbeiter des Weinguts und einige Verwandte des Grafen sind gekommen.

Beerdigung *f*	einen Toten in einem Sarg in die Erde legen
Friedhof *m*	Ort, wo Tote beerdigt sind
Grab *n*	Loch in der Erde, in das ein Toter bei der Beerdigung gelegt wird
Pfarrer *m*	Priester
Rede *f*	offizielles Sprechen vor anderen Menschen
schluchzen	lautes, heftiges Weinen

Luise bemerkt die Menschen nicht. Die Haushälterin steht am Rand des offenen **Grabes** und weint. Ihr Anruf hatte keinen Erfolg. Die Polizei glaubt dem Hausarzt und will den Tod des Grafen nicht genauer untersuchen. Für die Kommissare ist der Streit in der Familie nichts Besonderes. Denn jeder weiß, dass Graf Rüdiger von Rabenstein ein schwieriger Mensch gewesen ist. Natürlich weiß auch Luise, dass der Graf schwierig war und Walter Rabenstein kein leichtes Leben mit ihm hatte. Trotzdem bleibt ihr komisches Gefühl.

Dann beginnt **Pfarrer** Schreber mit seiner **Rede** und Luise beendet ihre Gedanken. Auf dem Friedhof wird es nun ganz leise. Der Pfarrer berichtet vom Leben des Grafen und von dem Erfolg des Weinguts. Er erzählt, dass sich Rüdiger von Rabenstein auch sehr um die Probleme des Dorfes gekümmert hat. Vielen Menschen laufen jetzt die Tränen am Gesicht herunter und einige Frauen **schluchzen** laut.

hellwach	sehr wach
Wappen *n*	Zeichen, Symbol einer Familie
Testament *n*	schriftliche Erklärung darüber, wer nach dem Tod das Geld oder andere Dinge bekommt
sich räuspern	leicht husten
Ruhe still	letzter Wunsch für einen Toten
blass	*hier*: keine Farbe im Gesicht haben
jm. wird schwindlig	Gefühl, dass sich alles dreht

Luise kennt die Geschichte der Familie Rabenstein. Trotzdem hört sie zu, denn sie erinnert sich dabei an ihre eigenen Erlebnisse auf Burg Rabenstein.
Plötzlich ist sie **hellwach**. Pfarrer Schreber spricht gerade von dem großen Ring, den der Graf immer an der rechten Hand getragen hat: „Graf Rüdiger hat seine Familie über alles geliebt. Und er war stolz auf sie. Deshalb hat er immer einen Ring mit dem **Wappen** der Familie an seiner rechten Hand getragen. In seinem **Testament** steht, dass er mit diesem Ring begraben werden möchte. Und genauso wird es geschehen." Der Pfarrer macht eine kurze Pause und **räuspert sich**. Dann spricht er weiter: „Der Graf trägt auch jetzt diesen Ring an seinem Finger. Er wird ihn auf dem Weg zu Gott begleiten. **Ruhe still** und in Frieden!"
Luise wundert sich, dass der Graf solche Kleinigkeiten in seinem Testament erwähnt hat. Vielleicht wollte er nicht, dass Walter den Ring bekommt. Sie schaut zu dem Adoptivsohn. Er steht wenige Meter neben ihr und sieht sehr **blass** aus.
‚Mir wird schlecht', denkt Walter von Rabenstein in diesem Moment. Alles um ihn herum dreht sich und ihm wird **schwindlig**. Zwei Männer neben ihm bemerken den blas-

sen Sohn des Grafen. Schnell halten sie ihn an den Armen fest und begleiten ihn zu einer Bank in der Nähe. Walter setzt sich hin und schließt die Augen. Er atmet tief durch, aber nur langsam geht es ihm wieder etwas besser.

„Wollen Sie etwas Wasser trinken?“, fragt einer der beiden. Es ist der Bäcker aus dem Dorf.

„Der Ring!“ Walter flüstert sehr leise. Die beiden Männer verstehen ihn nicht.

„Wie bitte?“, fragt der zweite Mann.

Walter beruhigt sich etwas.

‚Nicht nervös werden, es ist alles gut‘, denkt er und lächelt die beiden Helfer an.

Übung 6: Lesen Sie weiter und fügen Sie die Verneinungen ein!

nicht | kein | nichts | nein | nicht

„__________ Problem, alles in Ordnung“, **murmelt** Walter. Aber es ist __________ in Ordnung. Aber das weiß der Bäcker natürlich __________.

„Sollen wir Sie nach Hause bringen oder den Arzt rufen?“, fragt jetzt der andere Mann. Es ist Klaus Krämer, der im Weinkeller arbeitet. „Dr. Schmidt ist leider __________ hier, er hat noch Sprechstunde.“

„__________, danke, es geht schon“, antwortet Walter und hebt langsam den Kopf.

murmeln	sehr leise und undeutlich sprechen
den Kopf abwenden	den Kopf zur Seite drehen
verschlossen sein	*hier*: keine Gefühle zeigen
emotional	mit starken Gefühlen
mitnehmen	*hier*: emotional stark belasten

Er schaut direkt in das ernste Gesicht der Haushälterin. Mit einem kritischen Blick betrachtet die alte Frau ihren neuen Hausherrn. Aber Walter kann Luise nicht in die Augen sehen. Er **wendet den Kopf ab** und sein Herz schlägt jetzt wieder etwas schneller.

„Was ist mit ihm los?“, fragt sich Luise. Sie kennt Walter, seit er im Alter von fünf Jahren auf die Burg gekommen ist. Als Kind mochte sie ihn. Sie hat ihn oft in den Kindergarten und später in die Schule gebracht. Sie hat sogar oft mit ihm im Burghof oder im Garten gespielt. Doch schon als Jugendlicher war er **verschlossen** und von Jahr zu Jahr hat er immer weniger gelacht. Walter Rabenstein ist kein besonders **emotionaler** Mensch. Deshalb wundert sich Luise, dass ihn die Beerdigung seines Vaters so sehr **mitnimmt**.

Verben werden häufig mit Vorsilben verbunden. Sie bekommen dadurch eine andere Bedeutung (z. B. *nehmen: mitnehmen, wegnehmen, aufnehmen* usw.). Manchmal sind die Bedeutungen miteinander verwandt oder ähnlich, manchmal unterschiedlich. Eine Regel gibt es nicht.

‚Ich glaube, ich habe Recht‘, denkt Luise. ‚Da stimmt etwas nicht. Aber wie soll ich das herausfinden?‘

3 Ein merkwürdiges Fläschchen

Luise Maier betrachtet den heißen Kaffee vor sich auf dem Tisch. Graf Rüdiger von Rabenstein ist seit fünf Tagen tot und in der Burg ist es leer geworden. Walter Rabenstein ist selten zu Hause.

Die schwere Eingangstür fällt **krachend** ins Schloss. Walter Rabenstein beginnt wie jeden Morgen mit seiner Joggingrunde. Luises Herz schlägt etwas schneller. Ab jetzt hat sie eine Stunde Zeit. Langsam steht sie auf und geht von der Küche zu einem der großen Fenster. Von dort kann sie den Hof gut sehen.

krachend	mit einem lauten Geräusch
eilen	schnell gehen
Papierkorb *m*	Behälter für Abfälle aus Papier
gepflegt	in einem guten, sauberen Zustand
Eiche *f*	eine Baumart

„Vielleicht kommt er noch einmal zurück", sagt sie leise zu sich selbst.

Zehn Minuten später verlässt die Haushälterin den Platz am Fenster und **eilt** in den ersten Stock. In der rechten Hälfte des Gebäudes liegen die Räume von Walter Rabenstein. Normalerweise betritt sie seine Zimmer nur, um sauber zu machen. Doch heute hat sie einen anderen Grund.

> Mit dem Suffix *-chen* wird eine Verkleinerung ausgedrückt. Die Vokale *a, o, u* sowie Doppelvokale haben einen Umlaut.

Übung 7: **Lesen Sie weiter und fügen Sie die richtige Form des Verbs ein!**

öffnen sein liegen interessieren wissen

Als erstes ________________ Luise die Tür zum Arbeitszimmer. Hier ________________ alles ziemlich unordentlich: Papier, Ordner und Bücher ________________ auf dem Schreibtisch, auf den Regalen und auf dem Boden. Der Laptop ist aufgeklappt, aber ausgeschaltet. Doch der Computer ________________ Luise nicht, denn sie ________________ nicht, wie man dieses Gerät bedient. Sie sieht im **Papierkorb** nach und auch in den Schränken. Aber sie findet nichts.

Auch Schlafzimmer und Bad sind wenig aufgeräumt, überall liegt etwas herum. Aber auch hier findet Luise nichts, was verdächtig ist.

„Das darf doch nicht sein!", seufzt sie enttäuscht. „Jeder Mörder macht einen Fehler." Das weiß Luise aus den Krimis, die sie so gerne im Fernsehen sieht. Plötzlich hat sie eine Idee!

So schnell wie möglich läuft die Haushälterin die Treppe hinunter. Im hinteren Teil des Hauptgebäudes führt eine kleine Tür in den großen Garten mit dem **gepflegten** Rasen, einigen Kirschbäumen und den großen **Eichen**. Von den meisten Zimmern der Burg und kann man ihn nicht sehen. Am anderen Ende, neben einer alten und schon etwas kaputten Mauer, liegen ein paar Gemüsebeete und daneben ist eine kleine **Feuerstelle**. Dort verbrennt der Gärtner normalerweise abgeschnittene Zweige und Laub.

Feuerstelle *f*	Ort, an dem ein Feuer gemacht wird
Harke *f*	Werkzeug, um Erde glatt zu machen
zum Vorschein kommen	sichtbar werden
Etikett *n*	Schild aus Papier an Waren
die Arme verschränken	die Arme vor dem Körper übereinander legen

„Das ist meine letzte Chance, hoffentlich finde ich auf diese Art etwas. So muss es einfach klappen", murmelt Luise. Sie hat wieder etwas Hoffnung, denn hier hat erst vor Kurzem ein Feuer gebrannt. Da der Gärtner aber schon ein paar Tage lang nicht mehr da war, muss jemand anders das Feuer gemacht haben.

Jetzt braucht sie nur noch ein Werkzeug. Sie sieht sich um. An der Mauer, die den Garten begrenzt, steht ein kleines Gartenhäuschen. Es ist offen und Luise findet darin eine **Harke**. Damit durchsucht sie jetzt den kleinen Haufen schwarzer, verbrannter Abfälle.

„Ja!", ruft sie voller Freude, als ein kleines Fläschchen **zum Vorschein kommt**. Das **Etikett** ist nur zum Teil verbrannt. Aber etwas kommt ihr komisch vor.

Als Walter Rabenstein vom Joggen zurückkommt, erwartet Luise Maier ihn bereits in der großen Eingangshalle der Burg.

Übung 8: **Lösen Sie das Treppenrätsel und finden Sie das Lösungswort!**

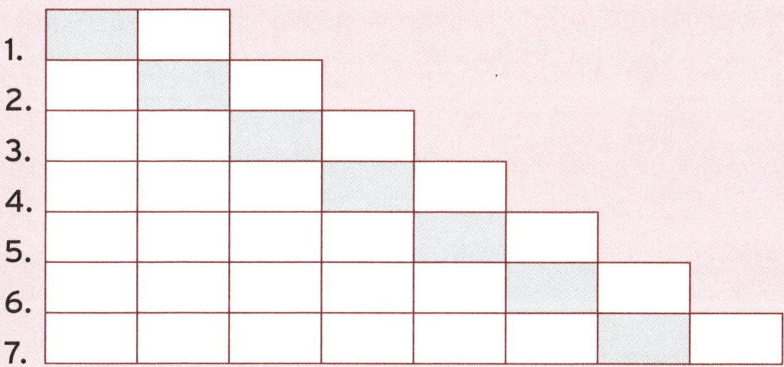

1. Auf diese Art
2. Personalpronomen, 1. Person
3. Stille, ohne Geräusche
4. Synonym für *kräftig*
5. Synonym für *beendet*
6. Fahrzeuge auf einem Fluss (Plural)
7. Medikament in fester Form

Lösung: Die _ _ _ _ _ _ _ auf dem Fläschchen sieht sehr merkwürdig aus, findet Luise.

„Walter, ich muss dringend mit Ihnen reden!" Obwohl Luise ihn seit seiner Kindheit kennt, spricht sie Walter mit „Sie" an.

„Muss das jetzt sein? Ich möchte unter die Dusche und habe heute noch viel zu tun." Walters Stimme zittert etwas. Er ahnt, dass die Haushälterin über den Tod des alten Grafen sprechen möchte.

„Ja, es muss jetzt sein!" Luise **verschränkt die Arme** und

stellt sich direkt vor Walter. Er ist nicht besonders groß und deshalb können sie sich fast auf gleicher Höhe in die Augen sehen.
„Ich war vorhin im Garten und habe Tomaten gepflückt", lügt Luise und **fährt** dann **fort**: „Dabei habe ich das hier in der Feuerstelle entdeckt." Sie hält das kleine Fläschchen in die Höhe.

fortfahren	weitermachen
stottern	nicht flüssig sprechen
fieberhaft	mit großer Aufregung
Dünger *m*	Mittel, damit Pflanzen besser wachsen

„Können Sie mir sagen, was das ist?" Luise tritt einen Schritt näher an Walter Rabenstein heran.
„Äh, nein, warum fragen Sie mich das?", **stottert** Walter. „Mit dem Garten habe ich nichts zu tun."
„Von mir ist es auch nicht. Und der Gärtner war zuletzt vor einer Woche hier."
„Ach so, äh, ja…" Walter denkt **fieberhaft** nach. „Ja, natürlich, jetzt fällt es mir wieder ein. Das ist ein japanischer **Dünger** für meine Bonsai-Pflanzen. Wie konnte ich das nur vergessen!" Er versucht ein Lachen, aber es gelingt ihm nicht richtig.
„So, für die Bonsai, aha." Luise schaut den Mann mit einem sehr ernsten Blick an.
„Und warum werfen Sie das Fläschen nicht einfach in den Mülleimer?"
„Ach, eine Pflanze ist kaputt gegangen. Die habe ich verbrannt und dabei das Fläschchen gleich mit ins Feuer geworfen. Ich weiß, das war dumm von mir. Geben Sie her, ich werfe es jetzt richtig weg."

Walter Rabenstein greift nach dem Fläschchen, doch Luise zieht die Hand schnell weg.
„Das mache ich lieber selbst. Sie müssen duschen gehen." Bei diesen Worten dreht sich Luise um und eilt mit schnellen, kräftigen Schritten in die Küche. Sie schließt die Tür und atmet aus. Ihr **Herz klopft**. Mit dem Rücken an der Tür **lauscht** sie nach draußen. Vielleicht ist Walter Rabenstein ihr gefolgt? Aber sie hört seine Schritte auf der Treppe. Er geht nach oben zu seinen Zimmern.
Als sie die Tür zum Badezimmer im oberen Stockwerk hört, verlässt Luise die Küche wieder und **schleicht** sich leise in ihr eigenes Zimmer. Es liegt im hinteren Bereich des Erdgeschosses.

das Herz klopft	das Herz schlägt schnell
lauschen	horchen, aufmerksam zuhören
schleichen	leise und vorsichtig gehen

Übung 9: Fügen Sie die Modalverben *können* und *müssen* in der richtigen Form ein!

kann muss kann müssen kann

1. Walter Rabenstein __________ nicht gut rechnen.
2. Alle Menschen __________ sterben.
3. Nach dem Sport __________ man duschen.
4. Von der Burg aus __________ man die Loreley sehen.
5. Luise __________ Walters Schritte hören.

In ihrem Zimmer setzt sich Luise Maier auf das Bett. Sie denkt kurz nach, dann greift sie zu dem alten, grauen Telefon, das auf einem kleinen Tisch neben dem Bett steht. An diese modernen Mobiltelefone kann sie sich nicht gewöhnen. Der **Apparat** mit der langen **Schnur** ist ihr dagegen vertraut. Sie wählt eine bekannte Nummer.

„Polizei Koblenz, Hauptkommissarin Huber", meldet sich eine **energische** Stimme.

Apparat *m*	technisches Gerät
Schnur *f*	*hier*: elektrisches Kabel
energisch	voller Energie, kräftig

„Hier ist Luise Maier von Burg Rabenstein."

„Frau Maier, Sie schon wieder." Die Stimme der Kommissarin klingt nicht besonders erfreut. Sie wartet auch nicht, bis Luise etwas antworten kann, sondern fügt hinzu: „Ich habe Ihnen doch schon gesagt, dass der Tod von Graf Rüdiger eine natürliche Ursache hatte. Sein Herz war schwach. Er war ja schon über 80."

„Bitte, Frau Kommissarin, hören Sie mir eine Minute zu. Es gibt Neuigkeiten".

„Gut, eine Minute." Luise stellt sich vor, wie die Kommissarin auf die Uhr sieht. Dann erzählt sie in wenigen Sätzen von ihrer Entdeckung und Walter Rabensteins Reaktion. Kommissarin Huber hört immer aufmerksamer zu. Dann sagt sie: „Das sind wirklich interessante Neuigkeiten. Ich komme zu Ihnen."

> Bei Nebensätzen werden *das* und *dass* oft verwechselt. Ein Nebensatz mit der Subjunktion *dass* ist wichtig, damit man den Hauptsatz verstehen kann. Man kann diesen Satz nicht weglassen. Er wird *Objektsatz* genannt. Wenn ein Nebensatz mit *das* beginnt, ist es ein *Relativsatz* und *das* ein *Relativpronomen*. Ein Relativsatz steht hinter einem Nomen und gibt weitere Informationen zu diesem Nomen.

4 Eine nächtliche Aktion

Auf Burg Rabenstein ist es vollkommen still. Luise, die Haushälterin, ist schon ins Bett gegangen. Walter Rabenstein geht langsam die Treppe hinunter und in das riesige Wohnzimmer mit vielen alten Bildern an den Wänden. Er trägt einen **Rucksack** in der Hand. Der Raum ist fast dunkel, aber Walter schaltet kein Licht ein. Niemand soll sehen, dass er hier ist. Er nimmt ein Glas aus einer Vitrine und öffnet eine Flasche Weißwein. Dann setzt er sich in einen alten Sessel, der vor dem **Kamin** steht. Er riecht schon etwas **muffig**. Hier haben schon viele Generationen der Familie Rabenstein gesessen. Bei diesem Gedanken wird ihm kalt. Es ist Sommer und natürlich brennt kein Feuer in dem Kamin. Trotzdem schaut Walter regungslos in den kalten Kamin. Er denkt über seinen Plan für heute Nacht nach. Ist es richtig, was er vorhat?

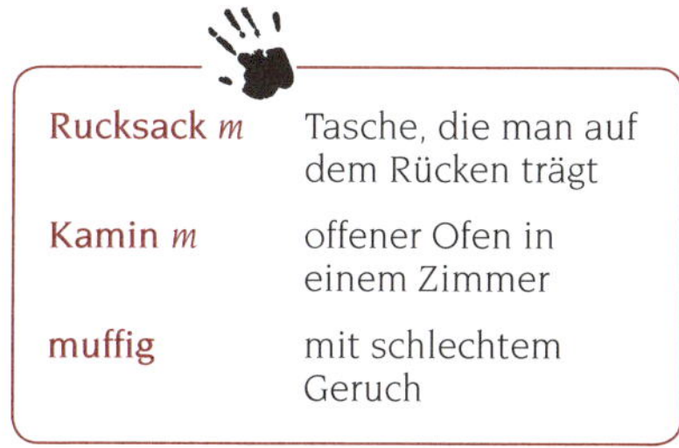

Rucksack *m*	Tasche, die man auf dem Rücken trägt
Kamin *m*	offener Ofen in einem Zimmer
muffig	mit schlechtem Geruch

Zwei Stunden lang sitzt Walter Rabenstein vor dem Kamin und wartet. Er wird müde, immer wieder muss er sich mit Gewalt wach halten. Dann endlich schlägt die Kirchturmuhr des Dorfes ein Uhr. Im Raum und draußen ist es jetzt

stockdunkel	vollständig dunkel
schlüpfen	sich schnell und gleitend bewegen
Garten-häuschen *n*	kleines Haus oder Hütte im Garten
unheimlich	so, dass etw. Angst macht
auftauchen	überraschend da sein
ab und zu	manchmal
stopfen	*hier*: unordentlich hineinpacken

stockdunkel und kein Mondlicht ist zu sehen. Jetzt ist es so weit. Er greift nach dem Rucksack, steht auf und geht mit schnellen Schritten zur hinteren Tür. Er muss am Zimmer der Haushälterin vorbei. Vorsichtig setzt er einen Fuß vor den anderen und lauscht. Aber aus ihrem Zimmer kommt kein Geräusch. Luise Maier schläft tief und fest.

Leise öffnet Walter die Tür zum Garten und **schlüpft** hinaus. Er holt noch ein Werkzeug aus dem **Gartenhäuschen**, dann klettert er über die niedrige Mauer.

Auf dem Friedhof ist es noch dunkler als im Garten. Walter Rabenstein ist nicht ängstlich, aber auch für ihn ist es hier ein bisschen **unheimlich**. Manchmal knackt ein Ast und zwischen den alten Gräbern **tauchen** immer wieder merkwürdige Schatten **auf**.

„Bleib ganz ruhig! Du musst das machen", sagt Walter zu sich selbst. Er ist aufgeregt und sein Herz klopft sehr schnell.

Mit wenigen Schritten erreicht er das Grab des Grafen neben einer alten Eiche. Die Blätter an den großen Ästen sehen wie ein Dach aus. Vorsichtig legt er sein Werkzeug auf den Boden, denn er hat immer noch Angst, dass ihn jemand hören kann. Genauso leise nimmt er seinen Rucksack ab, öffnet ihn und holt eine große Taschenlampe heraus. Er legt sie auf den Boden, schaltet sie aber nicht an. Dann sieht er sich um. Natürlich ist er vollkommen allein. Es ist eine warme Nacht, nur **ab und zu** kommt etwas kühle Luft vom Rhein herauf. Walter Rabenstein schwitzt schon, bevor er mit der Arbeit angefangen hat. Er zieht sein Sweatshirt aus und **stopft** es in den Rucksack. Jetzt trägt er nur ein dünnes T-Shirt über seiner Jeans. Ein paar Sekunden lang schaut er auf den kleinen Hügel aus Erde.

Übung 10: Welches Werkzeug holt Walter Rabenstein? Beantworten Sie die Fragen und finden Sie das Lösungswort! ä = ae, ü=ue

1. Welche Jahreszeit ist gerade? □ _ _ _ _ _
2. Was findet die Haushälterin im Garten?
   _ _ _ _ _ □ _ _ _ _ _
3. An welchem Fluss liegt Burg Rabenstein? _ □ _ _ _
4. Zu welcher Tageszeit stirbt der Graf? _ □ _ _ _
5. Was hat Luise Maier noch nie gemacht?
   _ _ _ _ □ _
6. Wie alt war Walter Rabenstein, als er adoptiert wurde?
   □ _ _ _ _
7. Welchen Sport macht Walter Rabenstein?
   _ _ _ _ □ _
8. Was wird im Garten verbrannt? _ _ _ _ □ _

Lösung: _ _ _ _ _ _ _ _

„Auf geht's!" Walter Rabenstein hebt die Taschenlampe auf und befestigt sie mit **Draht** an einem Ast der Eiche. Sie wirft ein seltsames Licht auf das Grab. Der **Erbe** von Burg Rabenstein nimmt die Schaufel fest in beide Hände.

Übung 11: Lesen Sie weiter und fügen Sie die Adjektivendungen ein!

Kraftvoll stößt er die Schaufel in die locker_______ Erde und hebt einen groß_______ Haufen davon wieder heraus. Er wirft die trocken_______ Erde mit groß_______ Schwung auf den schmal_______Weg zwischen den Gräbern. Fast eine halbe Stunde muss Walter Rabenstein schaufeln, dann hat er den hellbraun_______ Sarg erreicht. Mit den Händen fegt er die Reste der Erde vom Holz.

Müde steigt Walter Rabenstein aus der **Grube** und setzt sich auf den kühlen Boden. Mit dem T-Shirt wischt er sich den Schweiß aus dem Gesicht. Ein paar Minuten ruht er sich aus, dann will er aufstehen. Doch plötzlich **raschelt** es hinter ihm. Walter Rabenstein erschrickt heftig und er hat Angst, sich zu bewegen.
‚Hinter mir in dem Busch steht jemand', denkt er. ‚Aber wer kann das sein?' Walter glaubt nicht an **Geister**. Trotzdem bekommt er eine **Gänsehaut**. Vielleicht ist jemand aus dem Dorf heraufgekommen. Aber warum jetzt, mitten in der Nacht? Wieder raschelt es und Walter hört ein schwa-

ches Atmen. Oder ist es doch kein Atmen?
Mit einem heftigen **Ruck** steht Walter Rabenstein auf und dreht sich um. Er starrt in die Dunkelheit, aber er kann nichts sehen. Doch dann bewegen sich die dünnen Zweige des Buschs. Walter erwartet einen Menschen, im schlimmsten Fall einen Polizisten. Aber aus dem Busch schleicht ein **Dachs** heraus. Er sucht auf dem Boden etwas zu fressen.
„Du blödes **Vieh**", murmelt Walter. Er ist erleichtert, dass es nur ein Tier ist. Jetzt bemerkt auch der Dachs den Menschen. Er bleibt kurz stehen und läuft dann wieder in den Busch zurück.
Walter Rabenstein holt ein längliches Stück Metall aus dem Rucksack und springt zurück in die Grube. Mit dem Werkzeug bricht er den Sarg auf. Ein lautes Krachen stört die Ruhe des Friedhofs. Es hört sich an wie der Donner eines Gewitters. Mit einem unangenehmen Gefühl öffnet Walter den Deckel. Er fürchtet sich etwas vor dem **Anblick** des Grafen. Doch – der Sarg ist leer!
„Ich glaube, das reicht jetzt!"
Walter erschrickt heftig, als er die Stimme einer Frau über

Draht *m*	eine Art Schnur aus Metall
Erbe *m*	jd., der Gegenstände oder Geld von einem Verstorbenen erhält
Grube *f*	ein größeres Loch in der Erde
rascheln	Geräusch, wenn sich Blätter bewegen
Geist *m*	nicht reales Wesen ohne Körper
Gänsehaut *f*	Reaktion der Haut bei Angst oder Kälte
Ruck *m*	plötzliche, kräftige Bewegung
Dachs *m*	Tier mir grauem Fell und schwarzen und weißen Streifen
Vieh *n*	*hier*: Schimpfwort für Tier
Anblick *m*	das, was man sieht

sich hört. Zuerst bleibt er **starr** stehen, dann dreht er sich langsam um und sieht nach oben. Am Rand des Grabes steht Kommissarin Huber. Zwei uniformierte Beamte neben ihr richten ihre Pistolen auf den Mann am Sarg.

„Walter Rabenstein, ich verdächtige Sie, Ihren Vater Graf Rüdiger von Rabenstein ermordet zu haben. Sie sind **verhaftet**!"

starr	steif, nicht beweglich
verhaften	ins Gefängnis bringen
Aktenmappe *f*	Ordner, in dem man wichtige Unterlagen aufbewahrt
durchsichtig	so, dass man den Inhalt sehen kann
etw. zugeben	sagen, dass man etw. getan hat
ergänzen	vollständig machen, hinzufügen
Behauptung *f*	Aussage, die man nicht beweisen kann
sich einmischen	bei etw. aktiv sein, das einen nicht betrifft

Walter starrt die Kommissarin ungläubig an. Langsam klettert er aus der Grube.

„Wieso wissen Sie, dass ich hier bin?", fragt er leise. Dann sieht er hinter der Kommissarin eine weitere Person im Schatten des Baumes stehen: Es ist Luise Maier.

Eine Stunde später sitzen sich Kommissarin Huber und Walter Rabenstein an einem grauen Tisch gegenüber. In dem Raum gibt es kein Fenster und keine anderen Möbel. Auf dem Tisch steht ein kleines Mikrofon. Vor der Kommissarin liegen eine hellbraune **Aktenmappe** und ein **durchsichtiger** Beutel.

„**Geben** Sie **zu**, dass Sie Ihren Vater getötet haben?", beginnt die Kommissarin das Gespräch.

„Er war mein Adoptivvater", antwortet Walter. Dann **ergänzt** er: „Nein, ich habe ihn nicht getötet!"

„Warum haben Sie das Grab geöffnet?"
„Ich wollte den Ring haben". Walter Rabenstein zeigt auf den Beutel. „Er ist sehr wertvoll und ich finde es schade, dass er in der Erde liegt."
Die Kommissarin schaut den Mann sehr ernst an. Dann sagt sie sehr ruhig: „Ich glaube Ihnen, dass Sie den Ring haben wollen. Aber nicht nur, weil er wertvoll ist. Er war Ihre Waffe!"
„Wie bitte?" Walter Rabensteins Stimme klingt erstaunt, aber auch etwas erschrocken. Nach einer kurzen Pause fügt er hinzu: „Das sind verrückte **Behauptungen**". Walter Rabenstein lehnt sich in seinem Stuhl zurück und verschränkt die Arme.

Übung 12: Lesen Sie weiter und fügen Sie die Possessivpronomen ein.

seiner unser seine meine mein

„Ich kann ____________ Behauptungen beweisen". Die Kommissarin ist ganz ruhig. Walter Rabenstein fasst sich nervös an ____________ Nase. Dann steht er auf und sagt aufgeregt: „____________ Vater war immer viel zu freundlich zu ____________ Haushälterin. Sie **mischt sich** in alles **ein**."
„Herr Rabenstein, hören Sie auf. Setzen Sie sich wieder hin. ____________ Gespräch kann sofort zu Ende sein, wenn Sie den Mord zugeben!"

Walter Rabenstein setzt sich wieder an den Tisch. Die Kommissarin nimmt den Beutel in die Hand.

„Wir haben den Ring vor drei Tagen aus dem Grab genommen und untersucht. Auf ihm ist ein besonderes Gift. Es **dringt** durch die Haut langsam in das Blut. Nach einigen Tagen stirbt man an **Herzversagen**. Es ist dasselbe Gift wie in der kleinen Flasche, die Frau Maier gefunden hat.“

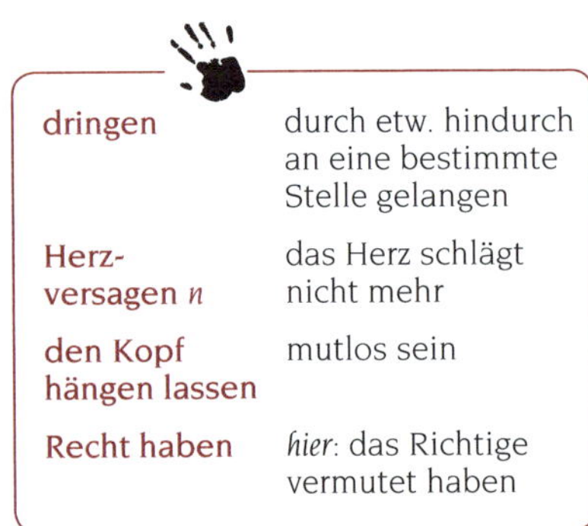

dringen	durch etw. hindurch an eine bestimmte Stelle gelangen
Herzversagen *n*	das Herz schlägt nicht mehr
den Kopf hängen lassen	mutlos sein
Recht haben	*hier*: das Richtige vermutet haben

Walter Rabenstein **lässt den Kopf hängen**. Jetzt weiß die Kommissarin, dass sie gewonnen hat. Sie spricht weiter: „Sie haben vergessen, Ihrem Vater den Ring abzunehmen und wollten das jetzt nachholen. Deshalb haben Sie heimlich das Grab geöffnet.“

„Ja, Sie **haben Recht**“, flüstert Walter und Kommissarin Huber nickt zufrieden.

Tanz in den Tod

Andrea Ruhlig

1 Rhythmus im Blut

Achtung, hier spricht die Polizei. Sie sind ***festgenommen****. Nein, keine Angst. Das war nur Spaß. Dir, liebe Leserin, und dir, lieber Leser, wird nichts passieren. Mein Name ist Timo Baran. Ich bin Kriminalkommissar in Dortmund. Ich bin als Polizist also für die schweren* ***Verbrechen*** *zuständig. Und der Satz ‚Sie sind verhaftet' steht am Ende einer guten Arbeit. Deshalb ist er mein Lieblingssatz.*

Meistens arbeite ich mit meiner Chefin zusammen, der Kriminalhauptkommissarin Lilli Buchholz. Wir sind ein gutes Team. Ich erzähle euch heute von einem ***Fall****, der im letzten Jahr wirklich so passiert ist. Die* ***Fakten*** *stehen alle im Polizei****bericht****. Aber Fakten allein machen noch keine gute Geschichte. Deshalb habe ich ein paar Details* ***ausgeschmückt****. Du wirst das schon merken. Die Geschichte spielt in einer bekannten Dortmunder Disko-*

festgenommen	von der Polizei verhaftet, man kann nicht mehr entscheiden, wohin man geht
Verbrechen *n*	vom Gesetz verbotene Handlung, die bestraft wird
Fall *m*	Angelegenheit; für die Polizei: Verbrechen, das bearbeitet werden muss
Fakten *pl*	Tatsachen
Bericht *m*	sachliche Mitteilung über ein Geschehen
ausschmücken	einem Text interessante oder spannende Details hinzufügen

thek, dem Moon Club. Du weißt, was eine Disko ist? Das ist ein Lokal. Dort gehen junge Leute hin, um zu tanzen. Laute Musik, ***dröhnende*** *Bässe.* ***Flackerndes*** *buntes Licht. Körper in Bewegung, fliegende Haare. Am Anfang meiner Geschichte ist alles wie jeden Samstagabend. Partyzeit. Die Tanzfläche ist voll.*

Nele **tippt** ihrer Freundin auf die Schulter. Sie zeigt fragend zur **Theke**. Tanja nickt und gemeinsam **drängen** sie sich durch die vielen Menschen. Auch am Rand der Tanzfläche stehen viele Leute. Es dauert eine Weile, bis die beiden Freundinnen die Bar erreichen. Tanja gibt dem Barkeeper ein Zeichen und bald haben beide ein Glas Cola in der Hand.

„Super Idee, heute hierherzukommen." Nele spricht direkt in Tanjas Ohr. Die Musik ist auch an der Bar sehr laut. „Guck dir mal den an! Wie der den Frauen hinterhersieht! Wie eine **Schlange**. Gleich **schleicht** er sich an eine **an**, legt seine Arme um sie und drückt sie ganz fest. Und weil sie dann keine Luft mehr bekommt, kann sie auch nicht protestieren."

dröhnend	so, dass es ein lautes, tiefes Geräusch macht
flackernd	so, dass es sich schnell und ungleichmäßig bewegt
tippen	mit dem Finger berühren
Theke *f*	hoher Tisch in einem Lokal, an dem es Getränke gibt
drängen	sich in einer Menge schiebend und drückend bewegen
Schlange *f*	langes, schmales Tier ohne Beine
anschleichen	leise, vorsichtig an etw. heran gehen

ϟ **Typ** *m*	Person, Mann, Kerl
Tätowierung *f*	dauerhaftes Bild auf dem Körper
Spinne *f*	kleines Tier mit acht Beinen, es baut sich ein Netz

„Siehst du den **Typen** da? Den mit dem schwarzen Hemd und der **Tätowierung** am Arm? Wie eine **Spinne**. Dem geht heute bestimmt noch eine ins Netz."

„Und der da versucht, ganz cool zu sein. Doch er sieht aus wie ein **Papagei** mit seinen gestylten Haaren."

Dieses lustige Spiel spielen die beiden oft. Nicht nur in der Disko, sondern auch im Eiscafé, im Bus ...

Ein Kaninchen, eine Kuh, einen Hund, eine **Eule**, einen Fisch, mehrere **Affen**: Die beiden finden noch weitere Tiere in der Menschenmenge.

Übung 1: Setzen Sie die richtige Form des Possessivpronomens ein!

Wir Polizisten müssen oft auch am Abend und am Wochenende arbeiten. **1.** *Unser* __________ *Arbeitszeit ist unregelmäßig. Deshalb geht* **2.** *mein* __________ *Chefin selten in die Disko. Wenn sie einen Abend frei hat, sitzt sie lieber auf* **3.** *ihr* __________ *Sofa und liest.*

Wenn ich frei habe, laufe ich gerne durch **4.** *unser* __________ *Stadtpark.*

Wohin gehst du abends mit **5.** *dein* __________ *Freundin oder* **6.** *dein* __________ *Freund?*

Papagei *m*	bunter, exotischer Vogel, der sprechen kann
Eule *f*	nachtaktiver Vogel, lebt im Wald
Affe *m*	menschenähnliches Tier, z. B. Schimpanse, Gorilla
zurückweichen	sich nach hinten bewegen
starren	intensiv in eine Richtung sehen
aufgerissen	*hier*: so, dass es weit geöffnet ist
Krankenpflegerin *f*	Frau, deren Beruf es ist, Kranke (im Krankenhaus) zu versorgen
Rettungswagen *m*	spezielles Auto, um Verletzte ins Krankenhaus zu bringen
sich einen Weg bahnen	einen Weg zwischen vielen Menschen hindurch schaffen

„Hey, das Lied ist toll! Komm!" Tanja springt auf und zieht Nele auf die Tanzfläche. Sofort werden die beiden wieder ein Teil der Menge, die sich im Rhythmus der Musik bewegt.

Doch plötzlich ist dieser Rhythmus gestört. In der Mitte des Raumes hören die Menschen auf zu tanzen. Sie **weichen** rückwärts an den Rand **zurück** und **starren** auf eine Stelle am Boden. Dort liegt eine junge Frau. Gerade hat sie noch getanzt wie alle anderen, jetzt liegt sie da mit weit **aufgerissenen** Augen.

Tanja drängt sich durch die Menschen. „Lasst mich durch, ich bin **Krankenpflegerin**. Hey, macht mal Platz." Sie kniet sich neben die junge Frau. „Los, hol einen **Rettungswagen**!", ruft sie Nele zu. Nele **bahnt sich einen Weg** zur Toilette. Nur dort ist es so leise, dass sie telefonieren kann. Sie wählt den Notruf 112.

> Die Nummer 112 kann man anrufen, wenn es einen Notfall gibt oder wenn ein Unfall passiert ist. Sie gilt fast überall in Europa. Hilfe kommt meistens in weniger als 10 Minuten.

Übung 2: Ordnen Sie den Adjektiven ihr Gegenteil zu!

jung langsam leise voll warm

1. alt ______________________
2. kalt ______________________
3. laut ______________________
4. schnell ______________________
5. leer ______________________

Währenddessen beugt sich Tanja über die Frau. In ihren Augen sieht sie Angst. Tanja hält ihr zwei Finger an den Hals. Der Puls ist viel zu schnell, die Haut ist kalt. Ihre Stirn ist nass. Und sie atmet nur sehr schwach.

„Hey, Mädchen. Was machst du für Sachen?", sagt Tanja beruhigend und streichelt der Frau über die Hand. „Du heißt Elena, oder?" Dann hält sie ihr die Nase zu und pustet durch den Mund langsam ihre eigene Atemluft in Elenas Lunge. Immer wieder tut sie das. Währenddessen stehen die anderen um sie herum und sehen ihr zu.

währenddessen	zur gleichen Zeit
Sanitäter *m*	Person, deren Beruf es ist, Kranken oder Verletzten schnell zu helfen
Overall *m*	einteiliges Kleidungsstück, das den ganzen Körper bedeckt, oft Arbeitskleidung
Liege *f*	schmales tragbares Bett

Endlich kommt der Rettungswagen. Zwei **Sanitäter** in orangefarbenen **Overalls** tragen eine **Liege** in den Raum. Einer von ihnen sieht Tanja fragend an.

„Sie ist einfach hingefallen. Ich habe **Mund-zu-Mund-Beatmung** gemacht", antwortet sie auf diesen Blick.

„Das war genau richtig. Gute Arbeit."

„Ich bin Krankenpflegerin und kenne die Zeichen. Ich glaube, dass sie eine **Überdosis Drogen** genommen hat."

Der Sanitäter hebt eine **Augenbraue** und sagt traurig: „Warum müssen die Leute jeden **Mist** ausprobieren? Wir bringen sie jetzt erst mal ins Krankenhaus. Hoffentlich **hält** sie **durch**."

Mund-zu-Mund-Beatmung *f*	Erste Hilfe bei Menschen, die nicht mehr atmen
Überdosis *f*	zu viel von etwas
Droge *f*	Stoff, der abhängig, süchtig machen kann
Augenbraue *f*	schmaler Streifen Haare über dem Auge
⚡ **Mist** *m*	wertlose, schlechte Dinge
durchhalten	nicht aufgeben
⚡ **im Spiel sein**	beteiligt sein

„Soll ich mitkommen?" fragt Tanja.

„Sind Sie ihre Freundin?"

„Nein, wir kennen uns nur vom Sehen hier in der Disko."

„Dann bleiben Sie lieber hier. Wir werden gleich die Polizei informieren, weil Drogen **im Spiel sind**. Wahrscheinlich können Sie der Polizei mehr helfen."

Tja, ich muss euch sagen: Leider hat Elena den Abend nicht überlebt. Sie stirbt auf dem Weg ins Krankenhaus. Wenn jemand gerne tanzt, sagt man ja: Er hat Rhythmus im Blut. Ich frage mich: Was außer Rhythmus hat sie noch im Blut?

Wer Drogen nimmt, **spielt mit dem Feuer** (macht etwas Gefährliches). Er **setzt** seine Gesundheit **aufs Spiel** (er riskiert seine Gesundheit).

Übung 3: Lösen Sie das Kreuzworträtsel!

waagerecht:

1. mit vielen Farben
2. Person, die man kennt und mag
3. jemanden begleiten
4. Körperteil am Ende des Armes

senkrecht:

5. Tier, das im Wasser lebt
6. anderes Wort für Tatsachen (Pl)
7. Tag vor morgen
8. sich zu Musik bewegen

Die Kripo geht tanzen

„Timo, wir haben einen Fall. Vielleicht eine Überdosis Drogen. Komm, wir gehen tanzen!"

Hier kommen wir in die Geschichte. Das wird ja auch Zeit. Meine Chefin zieht schon ihren Mantel an.

„Soll ich dafür andere Schuhe anziehen?" frage ich.

Lilli blickt auf meine Turnschuhe und **grinst**: „Ich glaube, für den Tanz reichen die."

Ich schalte den Computer aus, nehme meine Jacke und wir beide laufen in die **Tiefgarage**. Dort parken die Polizeiautos. Lilli setzt sich auf den Beifahrersitz.

Das bedeutet: Ich darf fahren. Ich schalte das ***Blaulicht*** *ein. Wir haben es ja eilig. Besonders in der Nacht fahre ich sehr gerne mit Blaulicht. Die Straßen wirken dann ganz anders. Dortmund sieht dadurch eher wie eine gefährliche Großstadt aus. Und eine gefährliche Großstadt braucht natürlich gute Polizisten. Also Menschen wie mich. Außerdem ist es ein tolles Gefühl, wenn alle anderen zur Seite fahren müssen und Platz für uns machen. Schade, die Fahrt dauert nicht lange und schon kurze Zeit später kommen wir beim Moon Club an.*

Kripo *f*	kurz für Kriminalpolizei
grinsen	breit lächeln
Tiefgarage *f*	Parkplatz für Autos unter der Erde
Blaulicht *m*	blaues Signallicht auf dem Autodach der Polizei

Übung 4: Lesen Sie weiter und unterstreichen Sie alle Adjektive!

Das lange Gebäude aus roten Steinen hat nur wenige schmale Fenster und ein flaches schwarzes Dach. Es war früher eine kleine Fabrikhalle, doch jetzt wird dort nicht mehr hart gearbeitet – jetzt wird dort an jedem Wochenende fröhlich gefeiert.

Der Eingang ist hell erleuchtet. Vor der Tür steht ein großer, kräftiger Mann. Er trägt einen schwarzen Anzug, darunter ein weißes T-Shirt. Er **kontrolliert** die Gäste. Nicht jeder darf in den Moon Club. **Betrunkene** müssen draußen bleiben. Auch Leute, die Turnschuhe tragen, sind nicht willkommen.

Meine Chefin **wendet sich an** den **Türsteher**: „Ich bin Kommissarin Buchholz von der Dortmunder Kripo, das ist mein Kollege Timo Baran." Sie zeigt ihre **Dienstmarke**.

Er blickt kurz auf die Marke und sagt: „Sie sind bestimmt gekommen, weil hier ein Mädchen **zusammengebrochen** ist. Aber was hat die Kripo damit zu tun?"

kontrollieren	prüfen
Betrunkene *m, f*	Person, die viel Alkohol getrunken hat
sich wenden an	eine Frage oder eine Bitte an eine Person richten
Türsteher *m*	Person, die Gäste am Eingang kontrolliert
Dienstmarke *f*	kleiner Gegenstand, der z. B. Polizisten als Ausweis dient
zusammenbrechen	hinfallen, weil man zu schwach ist

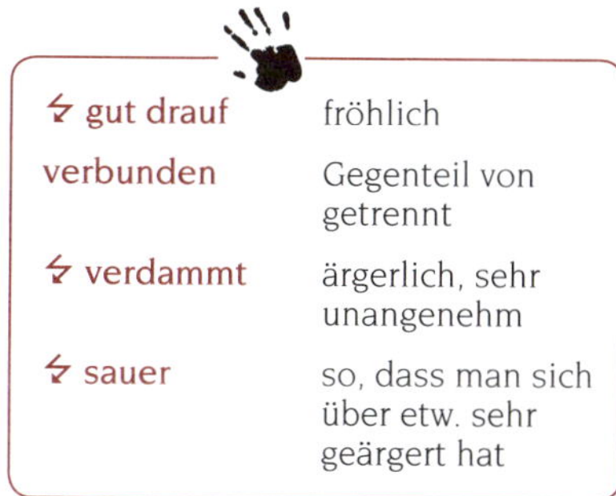

ϟ gut drauf	fröhlich
verbunden	Gegenteil von getrennt
ϟ verdammt	ärgerlich, sehr unangenehm
ϟ sauer	so, dass man sich über etw. sehr geärgert hat

„Es gibt einen Hinweis, dass die junge Frau eine Überdosis genommen hat. Deshalb müssen wir genau wissen, wer heute Abend hier ist. Wir brauchen von jedem Gast seinen Namen und seine Adresse. Ich bitte Sie, die Disko zu schließen. Jeder, der geht, muss seinen Personalausweis vorzeigen. Mein Kollege wird hier bei Ihnen bleiben und das übernehmen."

Der Türsteher sieht mich an. Dann wandert sein Blick von meinem Gesicht nach unten und trifft auf meine Schuhe. Ich merke, dass ich rot werde. Doch der Türsteher sagt nichts zu meinen Schuhen.

„Ja, klar", sagt er. „Wir können das drinnen an der Kasse machen. Schade, gerade heute war eine ganz besondere Stimmung im Club. Unser DJ war richtig **gut drauf** und die Musik hat alle miteinander **verbunden**. Wer braucht da Drogen?"

Verdammte *Turnschuhe! Warum hat Lilli mir nicht gleich gesagt, dass wir in den Moon Club fahren! In meinem Schrank im Büro steht ein anderes Paar Schuhe. Die sind genau richtig für die Disko. Aber ich komme hier mit Turnschuhen an. Und natürlich darf ich wieder mal die ganze Arbeit machen. Es sind doch bestimmt 200 Leute hier im Club. Zum Glück habe ich mein Smartphone dabei. So kann ich die Ausweise fotografieren. Trotzdem schaue ich meiner Chefin ein bisschen* ***sauer*** *hinterher.*

Übung 5: In diesem Gitternetz sind sechs Kleidungsstücke versteckt. Welche sind es?

O	V	E	R	A	L	L
A	K	J	E	R	A	U
H	M	A	N	T	E	L
O	S	C	H	U	H	E
S	C	K	E	L	T	U
E	R	E	M	O	R	T
B	I	F	D	E	I	N

Als Lilli Buchholz die Disko betritt, läuft die Musik nur noch leise. Das Licht flackert nicht mehr im Rhythmus, niemand tanzt. Die Menschen stehen in kleinen Gruppen zusammen und reden miteinander. Die Kommissarin geht zum DJ und lässt sich ein Mikrofon geben. Damit ist ihre Stimme im ganzen Raum zu hören.

„Wir sind von der Kriminalpolizei. Sie haben sicher mitbekommen, dass es hier einen **Vorfall** gegeben hat." Alle sehen Lilli Buchholz an. „Und ich muss Ihnen leider sagen, dass die junge Frau auf dem Weg ins Krankenhaus gestorben ist. Die Party ist zu Ende. Gehen Sie nach Hause. Am Ausgang zeigen Sie bitte meinem Kollegen Ihren Perso-

Vorfall *m*	plötzliches, unerwartetes, meistens negatives Ereignis

nalausweis. Wenn Sie die junge Frau kennen oder etwas beobachtet haben, bleiben Sie bitte noch hier."

Dann geht sie zur Theke und sieht zu, wie die meisten Leute ihre Jacken anziehen und zum Ausgang gehen. Doch einige bleiben. Lilli Buchholz hofft, dass diese ihr ein paar Fragen beantworten können. Aber manche wollen auch einfach noch nicht nach Hause gehen. Zum Beispiel der Typ dort an dem Tisch. Er spricht mit einer jungen Frau. Lilli hört zu.

Übung 6: Lesen Sie weiter und verneinen Sie die Fragen mit *nicht, nichts, keine* oder *keinen*!

1. „Kennst du das Mädchen?"

„Nein, ich kenne sie ______________."

2. „Möchtest du etwas trinken?"

„Nein danke, ich möchte ______________ trinken."

3. „Vielleicht eine Cola?"

„Nein, auch ______________ Cola."

4. „Hast du einen Freund?"

„Nein, ich habe ______________ Freund."

5. „Findest du mich nett?"

„Nein, ich finde dich ______________ nett. Und ich habe ______________ Lust, mit dir zu reden."

Lilli muss grinsen, doch dann stehen Tanja und Nele vor ihr.
„Hallo“, sagt Tanja. „Als Elena vorhin zusammengebrochen ist, bin ich sofort zu ihr und habe versucht zu helfen.“ Dabei blickt sie über ihre Schulter auf die leere Tanzfläche. „Ich bin Krankenpflegerin. Elenas Puls hat sehr schnell geschlagen und sie hat keine Luft mehr bekommen. Deshalb glaube ich, dass sie vielleicht Drogen genommen hat – und zwar eine Überdosis. Nele hat den Rettungswagen gerufen.“

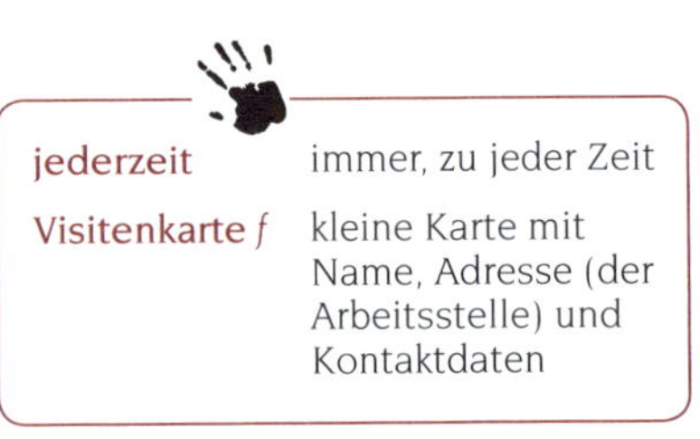

jederzeit	immer, zu jeder Zeit
Visitenkarte *f*	kleine Karte mit Name, Adresse (der Arbeitsstelle) und Kontaktdaten

Nele nickt: „Mehr konnte ich leider nicht tun.“
„Kennen Sie Elena?“
„Nicht besonders gut. Eigentlich weiß ich von ihr nur ihren Vornamen. Und dass sie oft hier war.“
„Gut. Danke für Ihre Hilfe. Wenn Ihnen noch etwas einfällt, können Sie mich **jederzeit** anrufen.“ Die Kommissarin gibt Tanja ihre **Visitenkarte**. Dann dreht sie sich zu dem Mädchen, das hinter der Theke steht. „Arbeiten Sie heute Abend hier?“
„Ja, ich bediene an der Theke.“
„Wie ist Ihr Name?“
„Kim. Kim Welling.“

das ist hier ein Relativpronomen. Es leitet einen Relativsatz ein und bezieht sich auf *das Mädchen hinter der Theke*. Man kann *das* auch durch *welches* ersetzen. In einem Relativsatz steht das Verb am Ende. Anders ist es mit der Konjunktion *dass*. Diese leitet einen Nebensatz ein und kann nicht durch *welches* ersetzt werden: *Die Kommissarin sagt, dass Tanja sie anrufen kann.*

„Hallo Kim. Haben Sie gesehen, was passiert ist?"

„Ich habe nur gemerkt, dass die Leute auf der Tanzfläche plötzlich unruhig wurden. Jemand hat einen Rettungswagen gerufen. Und dann haben die Sanitäter das Mädchen rausgetragen. **Blöde** Sache. Die gute Stimmung war da natürlich weg."

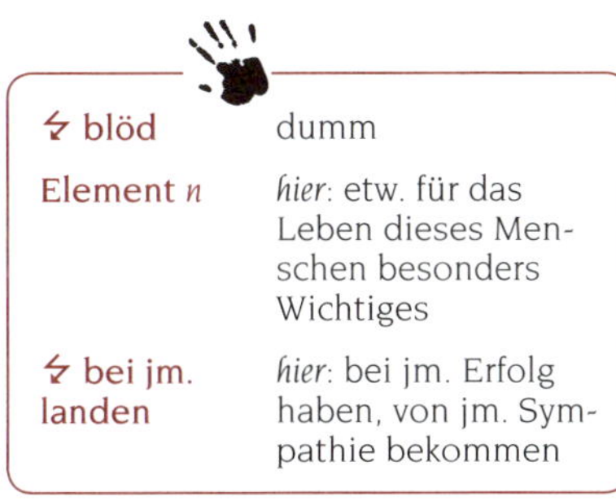

ϟ **blöd**	dumm
Element *n*	*hier*: etw. für das Leben dieses Menschen besonders Wichtiges
ϟ **bei jm. landen**	*hier*: bei jm. Erfolg haben, von jm. Sympathie bekommen

„Kennen Sie Elena? Ist sie Ihnen heute aufgefallen?"

„Fragen Sie mal Ahmed, der achtet eher auf die hübschen Frauen."

Dabei zeigt Kim auf einen großen, dunkelhäutigen Mann. Er blickt gerade zu ihnen herüber. Die Kommissarin winkt ihn zu sich. „Sind Sie Ahmed? Arbeiten Sie auch hier?"

„Ja. Ich bin für die Bar verantwortlich."

Die Kommissarin sagt: „Kim meint, Sie wissen vielleicht etwas über das tote Mädchen."

„Ich bin seit 22 Uhr hier im Club. Elena ist früh gekommen, da war es noch nicht voll. Ich kenne sie vom Sehen, denn sie kommt oft. Sie sieht einfach klasse aus. Und sie liebt Musik. Wenn sie tanzt, ist sie in ihrem **Element** – wie ein Fisch im Wasser. Das ist das Besondere an ihr."

„War sie mit Freunden hier?", will Buchholz wissen.

„Nein, ich glaube nicht. Sie ist allein gekommen und war fast die ganze Zeit auf der Tanzfläche. Nur ab und zu ist sie an die Bar gekommen, um etwas zu trinken. Klar, mehrere Typen haben sie angesprochen und wollten **bei ihr landen**.

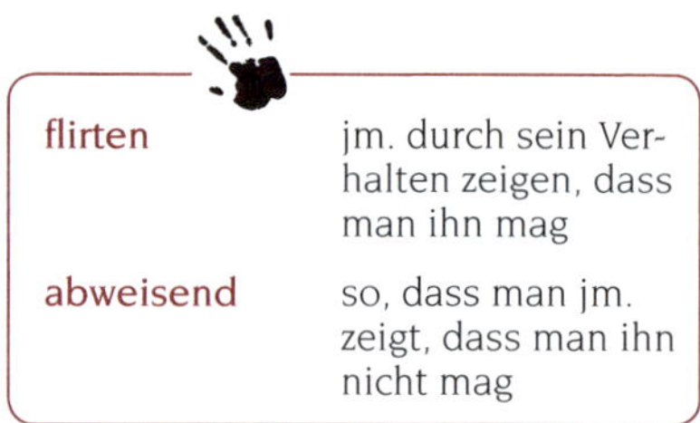

flirten	jm. durch sein Verhalten zeigen, dass man ihn mag
abweisend	so, dass man jm. zeigt, dass man ihn nicht mag

Das kann ich gut verstehen." Ahmed fährt mit der Hand durch seine dunklen, fein gelockten Haare. „Sie hat auch ein bisschen **geflirtet**. Also, ich meine, sie ist nie kühl oder **abweisend**. Sie ist immer freundlich geblieben. Aber ich hatte das Gefühl, sie möchte lieber tanzen."

3 Saubere Arbeit

Du denkst, ich habe die ganze Zeit nur Ausweise fotografiert? Falsch gedacht! Während Lilli, ich meine natürlich Kriminalhauptkommissarin Buchholz, mit den Leuten redet, halte ich meine Augen und Ohren offen. Hier, die beiden zum Beispiel: Sie überlegen sich, was sie jetzt machen. Gehen sie nach Hause? Nein! Sie wollen weitertanzen in einer anderen Disko. Draußen rufen sie sich ein Taxi. Und dieses Pärchen? Die sind bestimmt frisch verliebt. Sie sehen sich soooo tief in die Augen … Aber ich bemerke auch, wenn sich jemand nicht normal verhält.

geschockt	sehr stark erschrocken
nervös	unruhig, nicht entspannt

Klar, die Leute sind ein bisschen ***geschockt****, wenn so etwas passiert. Doch die meisten machen schnell neue Pläne. Oder sie ärgern sich darüber, dass der Abend schon zu Ende ist. Doch bei diesem jungen Mann hier ist das anders. Ich sehe ihm an: Er ist* ***nervös****. Er weiß nicht, was er tun soll. Er steht in einer Ecke und redet mit niemandem. Immer wieder schaut er erst zu Lilli, danach zu mir. Dann geht er aufs Klo, dort bleibt er ziemlich lange. Irgendwann steht er vor mir. Ich will natürlich seinen Ausweis sehen. Er sagt: „Den habe ich nicht bei mir."*

Dabei schaut er auf mein Smartphone, aber nicht in meine Augen. Da ist mir klar: Mit dem stimmt etwas nicht.
„Dann müssen Sie noch einen Moment warten", antworte ich ihm und schließe die Tür. Zu den anderen Gästen sage ich: „Es geht gleich weiter." Ich rufe meine Chefin an. Sie merkt ja nicht, was hier am Ausgang passiert. „Chef, komm mal rüber. Ich habe hier jemanden für dich."

Übung 7: Was stellt Lilli den Gästen? Finden Sie das Lösungswort!

1. Gegenteil von selten _ □ _
2. Gegenteil von draußen _ □ _ _ _ _ _
3. Zeit zwischen Abend und Morgen _ □ _ _ _
4. Gegenteil von Ende _ _ _ _ _ □
5. Dort bekommt man etwas zu trinken _ _ □ _ _
6. In dieser Stadt ist der Moon Club _ _ _ _ _ _ □ _

Lösung: Lilli stellt den Gästen _ _ _ _ _ _

Als die Kommissarin die Theke verlässt und zum Eingang geht, atmet Kim auf: „Mann, ist das **ätzend**."
Ahmed **zuckt mit den Schultern**. „Wieso? Sie macht nur ihre Arbeit. Und wir haben auch noch einiges zu tun." Er fängt an, die Gläser zusammenzuräumen. Dann stellt er sich an das **Spülbecken** und säubert ein Glas nach

dem anderen. Kim greift nach einem Trockentuch. **Stumm** nimmt sie sich das erste Glas. Sie trocknet es ab, hält es gegen das Licht, putzt die letzten Wasser**tropfen** weg und stellt es ins Regal. Dann lässt sie die Hände sinken.

„Was ist los mit dir?“ Ahmed zieht eine Augenbraue hoch. „Jetzt sag nicht, dass dich Elenas Tod schockt.“

ϟ **ätzend**	sehr negativ, unangenehm
mit den Schultern zucken	plötzliche Bewegung mit den Schultern machen
Spülbecken *n*	fest montiertes Gefäß, in dem man Geschirr mit Wasser säubert
stumm	ohne etw. zu sagen
Tropfen *m*	sehr kleine Menge einer Flüssigkeit
wütend	sehr verärgert
warnen	sagen, dass etw. gefährlich oder schwierig ist
verantwortungslos	jd. macht etw. leichtsinnig, ohne nachzudenken
umbringen	jn. töten

Kim blickt auf den Boden. Sie legt das Trockentuch zusammen, einmal, zweimal. Dann zieht sie es wieder auseinander. „Ich habe gesehen, wie ihr jemand etwas ins Glas getan hat“, sagt sie leise.

„Was? Und das sagst du erst jetzt?“ Ahmed sieht sie **wütend** an. „Wer war das? Und wieso hast du Elena das trinken lassen? Warum hast du sie nicht **gewarnt**?“

„Keine Ahnung, ich habe mir nichts dabei gedacht. Ich habe gedacht, Elena soll doch auch mal ein bisschen Spaß mit anderen haben. Sie hat keinen Blick für die hübschen Jungs. Immer nur allein auf der Tanzfläche ...“

„Aber das wollte sie wohl so! Sie interessiert sich für andere Sachen als du. Du bist total **verantwortungslos**. Und wenn sie das **umgebracht** hat? Was sagst du dann?“

„Ja, Scheiße! Mensch, glaubst du, da denke ich nicht selber dran?"
„Wohl ein bisschen zu spät."
„Was soll ich denn jetzt tun?", fragt Kim verzweifelt. „Wenn das rauskommt, bin ich doch sofort meinen Job los."

Übung 8: Lesen Sie weiter und fügen Sie die richtige Form der Verben ein!

Du 1. *können* ______________ *dir bestimmt vorstellen, wie Kim sich fühlt. Sie* 2. *sollen* ______________ *der Polizei sagen, was sie gesehen hat. Aber sie* 3. *wollen* ______________ *auch ihren Job nicht verlieren. Du* 4. *müssen* ______________ *wissen: Sie* 5. *brauchen* ______________ *das Geld, sie* 6. *haben* ______________ *ein kleines Kind.*

„Du denkst immer zuerst an dich, oder?" Ahmed ist richtig sauer. „Und wenn der Typ das am nächsten Wochenende wieder macht? Dann haben wir vielleicht das nächste tote Mädchen. Du musst das der Kommissarin auf jeden Fall sagen. Kannst du dich denn erinnern, wer das war?"
„Ja, du kennst ihn auch. Er kommt oft. Meistens steht er an der Theke und baggert Mädchen an. Nicht sehr groß, schwarzes T-Shirt, die Haare an den Seiten wegrasiert. Heute hat er Elena angesprochen. Immer, wenn sie von der

Tanzfläche kam, war er in ihrer Nähe. Aber offenbar ohne Erfolg. Sie war ein bisschen **genervt** von ihm."

„Ich weiß, wen du meinst. Ich glaube, er heißt Sebastian. Ist er noch hier?"

„Nee, er war ganz schnell weg. Als die Polizei hier angekommen ist, hat er wohl **Schiss** bekommen."

„Na, dann haben sie ja wenigstens seinen Namen."

ϟ **etw. los sein**	*hier*: etw. nicht mehr haben
ϟ **anbaggern**	mit jm. flirten
rasieren	Haare sehr kurz schneiden oder entfernen
genervt	so, dass man jn. oder etw. gar nicht mag und als sehr störend oder lästig empfindet
ϟ **Schiss** *m*	Angst
ϟ **klappen**	funktionieren
ϟ **sauber**	*hier*: sehr gut

Klar haben wir seinen Namen! Weil ich, der aufmerksame Kriminalkommissar Timo Baran, alles auf meinem Smartphone gespeichert habe. Und das hat nur ***geklappt****, weil ich heute Morgen daran gedacht habe, den Akku aufzuladen. Ohne Strom machst du keine Fotos. Auf mich kann man sich eben verlassen. Das nenne ich „****saubere*** *Arbeit". Du wirst noch sehen, wie wichtig das für unseren Fall ist.*

4 Ein nützliches Studium

Ja, mein Smartphone – eine tolle Erfindung. Vor allem die eingebaute Kamera. Meine Aufgabe ist fast getan. Inzwischen sind nur noch wenige Leute in der Disko. Hinter der Theke stehen Kim und Ahmed. Sie reden. Ahmed ist ziemlich aufgeregt, das kann ich von hier sehen. Er macht große ***Gesten*** *mit seinen Händen und redet auf Kim ein. Er versucht, sie zu überzeugen. Sie muss uns sagen, was sie gesehen hat. Kim steht eher bewegungslos da, spielt mit dem Handtuch in ihren Händen und blickt immer wieder auf den Boden. Sie fühlt sich gerade bestimmt nicht besonders wohl.*

Geste *f*	Handbewegung
Befragung *f*	Fragen der Polizei an jn., der verdächtig ist
ungemütlich	so, dass man sich nicht wohlfühlt
Gedächtnis *n*	Fähigkeit, sich an etw. zu erinnern
Revier *n*	Gebäude, in dem die Polizei arbeitet

Auch Lilli kann ich von hier beobachten. Bei ihr steht der nervöse junge Mann. Und ich kann dir sagen: Er wird immer nervöser! Ich kenne meine Chefin. Am Anfang einer ***Befragung*** *ist sie immer sehr höflich und freundlich. Aber wenn sie keine Antworten auf ihre Fragen bekommt, dann kann sie ganz schön* ***ungemütlich*** *werden. Hören wir doch mal zu:*

„Also, noch mal. Sie sagen, Sie haben keinen Ausweis bei sich. Sie wollen mir Ihren Namen nicht sagen. Niemand hier kennt Sie. Dann kann ich Sie nicht gehen lassen. Sie sagen, Sie wissen nicht mehr, wann Sie gekommen sind und Sie erinnern sich nicht, mit wem Sie geredet haben. Haben Sie oft Schwierigkeiten mit Ihrem **Gedächtnis**?"
„Ich habe doch schon gesagt: Ich erinnere mich nicht, weil das alles total unwichtig ist."
„Mir ist es aber wichtig. Und wenn Ihnen nicht langsam etwas einfällt, können wir auch bei uns auf dem **Revier** weitermachen. Dort stellen wir Ihnen immer wieder die gleichen Fragen. So lange, bis wir wissen, was heute hier passiert ist."

Übung 9: Lesen Sie weiter. Setzen Sie die passenden Präpositionen ein!

bei | für | in | mit | von

1. „Ich will jetzt ____________ Ihnen wissen:
2. Wie lange waren Sie ____________ der Disko?
3. ____________ wem sind Sie befreundet?
4. ____________ wen arbeiten Sie?
5. ____________ uns auf dem Revier ist es nicht so nett wie hier."

Als der junge Mann das Wort „Revier" hört, reißt er die Augen weit auf.

„Das können Sie nicht machen!"

„Sie werden sehen, dass ich das kann."

Lilli legt ihre Hand auf seine Schulter und schiebt ihn zum Ausgang. „Timo, wie sieht es aus? Bist du fertig?"

speichern	in einem Computer oder Handy aufbewahren
↯ **Riecher** *m*	Nase, *hier*: richtige Ahnung
Datei *f*	elektronisches Dokument

„Alles **gespeichert**", antworte ich und klopfe stolz auf mein Smartphone.

„Gut. Dann fahren wir aufs Revier. Unser Herr X wird dort schon ein paar Antworten für uns haben."

Herr X! Der seinen Namen nicht nennen will! Dafür hat er bestimmt einen guten Grund. Irgendetwas stimmt also wirklich nicht mit ihm. Ha! Ich hab's ja gleich gewusst. Meinem ***Riecher*** *kann man vertrauen. Das ist wichtig für einen guten Polizisten. Jetzt müssen wir nur noch herausfinden, was nicht stimmt. Wir fahren also aufs Revier. Dort haben wir tolle technische Möglichkeiten. Zum Beispiel haben wir eine Verbrecher****datei****. Wenn jemand schon einmal mit der Polizei zu tun hatte, steht er in dieser Datei. Und dann finden wir ihn*

Die deutsche Sprache hat schon immer Wörter aus anderen Sprachen übernommen. *Das Sofa* und *Zucker* z. B. kommen aus dem Arabischen, *das Büro* und *das Hotel* aus dem Französischen. Viele neue technische Begriffe – wie *der Computer* – kommen aus der englischen Sprache. Man nennt solche Wörter Anglizismen.

auch wieder. Wir machen also ein Foto von Herrn X und laden das in den Computer. Der Computer durchsucht die Datei. Und schon wenige Minuten später haben wir den richtigen Namen von Herrn X. Und nicht nur das!

„So, Patrick Mertens. Ein alter Bekannter. Vor zehn Monaten waren Sie schon einmal wegen Drogenbesitzes bei uns. Sie studieren immer noch Chemie? Ein interessantes Fach. Und man kann so viel Geld damit verdienen. Vor allem, wenn man Drogen selbst herstellt und verkauft."
Jetzt mische ich mich ein. „Was haben Sie denn so lange auf der Toilette im Moon Club gemacht? Haben Sie dort etwas ins Klo geschüttet? Alle Drogen, die Sie noch bei sich hatten?"
„Nein, das stimmt nicht. Ich verkaufe keine Drogen mehr. Die Zeit ist vorbei."
„Das werden wir herausfinden, wenn wir Ihre Wohnung durchsuchen." Lilli sieht ihn **drohend** an.
Herr X, also Patrick Mertens, ist jetzt sehr blass. „Ich stelle manchmal **K.-o.-Tropfen**, also Liquid Ecstasy, her. Aber ich verkaufe das nicht. Und das ist doch **harmloses** Zeug."
„Aber es macht süchtig und ist verboten."
Patrick schüttelt den Kopf. „Ich verstehe das nicht."
„Was genau verstehen Sie nicht?"
„Dass Elena daran gestorben ist. Ja, ich gebe zu: Ich habe

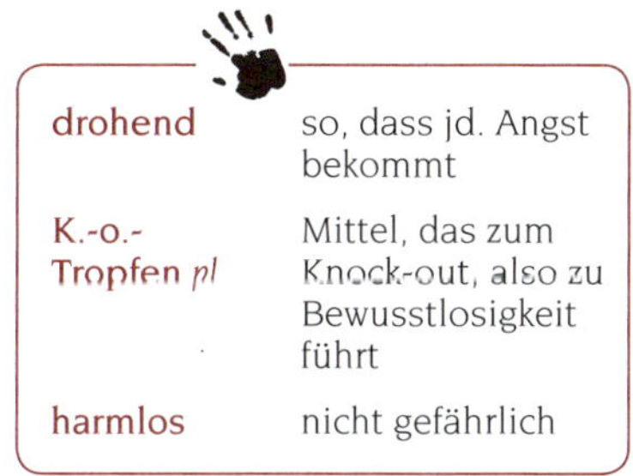

drohend	so, dass jd. Angst bekommt
K.-o.-Tropfen *pl*	Mittel, das zum Knock-out, also zu Bewusstlosigkeit führt
harmlos	nicht gefährlich

ihr ein paar Tropfen davon ins Glas getan, als sie nicht hingesehen hat. Ich hatte doch sonst keine Chance bei ihr. Sie war **zickig**. Das Liquid Ecstasy sollte sie ein bisschen lockerer machen. Aber davon stirbt man doch nicht!"

Ich kenne mich auch etwas mit Drogen aus – nur theoretisch, natürlich – und frage: „Wie viel haben Sie ihr gegeben?"

„Nur drei Tropfen. Ich habe genau gezählt. Das war nicht viel."

„Auch wenig kann zuviel sein."

Ich sehe Lilli an und hebe eine Augenbraue. Manchmal sagt sie so kluge ***Sprüche****. Dann merke ich, dass sie zehn Jahre älter ist als ich. Sie ist ja sehr schlau, aber von manchen Dingen hat sie wirklich keine Ahnung. Über K.-o.-Tropfen weiß sie nicht sehr viel. Deshalb sage ich:*

ϟ **zickig**	(abwertend) so, dass jd. eigene Vorstellungen und Pläne hat und nicht die Vorstellungen und Pläne des anderen übernehmen will
Spruch *m*	kurzer Merksatz, oft mit nützlicher Aussage
ratlos	so, dass man nicht weiß, was man tun soll
hundertprozentig	völlig, absolut

„Dieses Mittel wirkt sehr schnell. Wenn man nur wenig nimmt, fühlt man sich super, ein bisschen wie betrunken. Bei einer größeren Menge ist man schnell auf dem Weg ins Krankenhaus. Drei Tropfen sind normalerweise nicht tödlich. Aber zusammen mit Alkohol kann die Wirkung viel stärker sein."

„Das weiß ich doch", sagt Patrick. „Deshalb habe ich es Elena in ihre Cola getan. Ich habe sie nicht umgebracht."

„Nun, sie ist tot. Das ist sicher. Hat sie den ganzen Abend

Cola getrunken?", fragt Lilli nach.

Patrick sieht sie **ratlos** an. Dann hebt er die Schultern. „Ich glaube schon, aber ich bin mir nicht **hundertprozentig** sicher. Ich war nicht den ganzen Abend neben ihr."

In der deutschen Sprache gibt es viele Vor- und Nachsilben. Mit ihnen kann man aus einem Grundwort weitere Wörter bilden. Einen Begriff verneinen kann man z. B. mit der Vorsilbe *un-* :
ungern / nicht gern
unsicher / nicht sicher
Auch die Nachsilbe *-los* dient der Verneinung:
ratlos / ohne Rat
arbeitslos / ohne Arbeit

„Dann müssen wir wohl mal Ahmed fragen. Er hat die ganze Zeit an der Bar gearbeitet. Hast du seine Nummer?"

Natürlich, auch daran habe ich gedacht. Bevor wir gegangen sind, habe ich Kim und Ahmed nach ihren Telefonnummern gefragt. Kim war nicht sehr begeistert. Sie hat mir ihre Nummer nur sehr ungern gegeben. Inzwischen kennen wir ja den Grund.

Übung 10: Lösen Sie das Kreuzworträtsel!

waagerecht:

1. Gefäß, aus dem man trinken kann
2. Gebäude, in dem die Polizei arbeitet
3. anderes Wort für Arbeit
4. anderes Wort für Nase (umgangssprachlich)

senkrecht:

5. zwölf Monate sind ein ...
6. Fläche, auf der man geht und steht
7. sehr kleine Menge einer Flüssigkeit
8. elektronisches Dokument

5 Der Tropfen zu viel

„Hallo Ahmed, hier ist Kommissarin Buchholz. Wir haben noch eine Frage: Hat Elena heute Alkohol getrunken?"
Lilli stellt das Telefon laut. So hören auch Patrick und ich die Antwort von Ahmed: „Nein, den ganzen Abend nur Wasser und Cola. Aber wenn Sie so fragen, dann wissen Sie schon, dass ihr jemand was ins Glas getan hat? Ich glaube, Kim kann Ihnen da weiterhelfen. Sie will Ihnen noch etwas sagen."
Man hört, dass Kim im Hintergrund protestiert: „Mensch, was soll das? Nein!" Dann hört man nur Stücke von dem Gespräch zwischen Kim und Ahmed. Schließlich ist Kim am Telefon. Sie berichtet **zögernd**: „Ich habe gesehen, wie jemand K.-o.-Tropfen in Elenas Glas getan hat."
Lilli sagt: „Ja, das wissen wir schon. Der junge Mann sitzt hier bei uns auf dem Revier. Aber es ist gut, wenn Sie als **Zeugin aussagen**."
„Kriege ich dadurch keinen Ärger mit meinem Chef?"
„Wir sorgen schon dafür, dass das nicht passiert. Es ist sehr

zögernd	nicht sofort, nur langsam beginnend
Zeuge *m*, **Zeugin** *f*	Person, die bei einem Verbrechen etw. gesehen oder gehört hat
aussagen	bei der Polizei oder vor Gericht sagen, was man gesehen oder gehört hat

wichtig, dass Sie sich genau an alles erinnern, was Sie beobachtet haben. Am besten ist, Sie schreiben das auf."
Jetzt ist Kim erleichtert. Sie sagt: „Ja, ok. Mache ich. Ich habe Sebastian das nicht **zugetraut**. Ich kenne ihn ganz gut, er kommt oft. Er ist ganz nett und gibt immer Trinkgeld. Eigentlich hat er es nicht nötig, solche Mittel zu benutzen."
„Wie? Sebastian?" Lilli ist überrascht. „Unser **Täter** heißt Patrick und er hat gesagt, er ist erst zum zweiten Mal im Moon Club gewesen!"

jm. etw. zutrauen	glauben, dass jd. etw. tun kann
Täter *m*	Person, die etw. getan hat
Kombination *f*	verschiedene Dinge zusammen
illegal	vom Gesetz nicht erlaubt

„Nein, Ahmed und ich, wir sind uns ganz sicher: Er heißt Sebastian. Er hat eine seltsame Frisur: An den Seiten sind die Haare wegrasiert."
„Das ist ein wichtiger Hinweis. Danke für Ihre Hilfe." Lilli beendet das Telefongespräch.
Patrick sieht plötzlich sehr erleichtert aus: „Dann habe ich sie nicht umgebracht."
„Freuen Sie sich nicht zu früh. Wahrscheinlich war die **Kombination** der beiden Mittel tödlich und Sie sind beide verantwortlich für Elenas Tod. Außerdem ist Liquid Ecstasy **illegal**. Das wird auf jeden Fall Folgen für Sie haben. Wir behalten Sie noch hier."

Sätze mit den Konjunktionen *wenn* und *als* sind sich sehr ähnlich. Nach beiden fragt man mit *wann*?
Bei einmaligen Handlungen in der Vergangenheit: *(In dem Moment,)* ***als ...***
Bei mehrmaligen Handlungen in allen Zeiten: *(Jedes Mal,)* ***wenn ...***

Während Patrick wieder sehr unglücklich aussieht, ***blättere*** *ich schon durch die Fotos auf meinem Smartphone. Es gibt mehrere, auf denen ein Sebastian ist. Aber es gibt nur einen, auf den die Beschreibung passt. Also lassen wir Patrick bei unseren Kollegen, laufen zum Auto und fahren zu der Adresse, die auf Sebastians Personalausweis angegeben ist. Ich drücke meinen Daumen auf den* ***Klingelknopf*** *neben seinem Namensschild. Nichts passiert. Also klingle ich nebenan. Nach einer Weile öffnet sich dort ein Fenster. Ein verschlafener Student sieht heraus.*

blättern	mehrere Seiten nur schnell ansehen, ohne sie zu lesen
Klingelknopf *m*	Knopf neben der Tür. Wenn man ihn drückt, gibt es ein lautes Geräusch.
Funkgerät *n*	elektrisches Gerät, mit dem z. B. die Polizei Sprachnachrichten senden und empfangen kann

„Was soll denn das – mitten in der Nacht."

„Polizei. Wir suchen Ihren Nachbarn, Sebastian Vanderbeke."

„Als ich vorhin nach Hause gekommen bin, ist er gerade gegangen."

„Wann war das?"

„Hm, wie spät ist es jetzt?" Er sieht auf seine Armbanduhr und sagt dann: „Vor einer Stunde ungefähr."

„Wissen Sie, wohin er gegangen ist?"

„Keine Ahnung. Aber er war zu Fuß. Und er hat eine Reisetasche dabei."

Lilli sitzt schon wieder im Wagen und hält das **Funkgerät** in der Hand. Sie bittet alle Kollegen, nach Sebastian zu suchen. Dann gibt sie ihnen seine Beschreibung. Ich habe eine Idee: „Reisetasche – los, zum Bahnhof!“

ICE *m*	Kurzwort für Inter-City-Express, Schnellzug der Deutschen Bahn

„Welcher Zug fährt denn um diese Uhrzeit?“ fragt mich Lilli. Sie ist schon lange nicht mehr mit dem Zug gefahren. „Um 4 Uhr 24 fährt der ICE nach Wien. Vielleicht will er den nehmen.“ Ich schaue auf die Uhr. Das wird knapp.

Übung 11: Bringen Sie die Wörter in die richtige Reihenfolge!

1. vielleicht | schon | ist | am Bahnhof

Sebastian hat eine Reisetasche dabei und

____.

2. die | Kollegen | mit | informiert | dem | Funkgerät

Lilli sitzt schon im Polizeiauto und

____.

3. dem | fahre | ich | mit | oft | weil | Zug

Ich kenne den Fahrplan,

____.

4. denn | den | wollen | erreichen | noch | wir | Zug

Lilli fährt schnell,

____.

Lilli fährt schnell, doch als wir am Bahnhof ankommen, ist es schon nach halb fünf. Trotzdem steigen wir die Treppe zu Gleis 16 hoch. Als wir oben ankommen, hören wir gerade noch das Ende der Durchsage:
„... wird voraussichtlich dreißig Minuten später ankommen. Wir bitten um Ihr Verständnis."
Ich grinse. „Wir haben Glück, der Zug hat eine halbe Stunde Verspätung. Und wir haben noch mehr Glück. Sieh mal, wer dort ist."
Jetzt sieht auch Lilli den jungen Mann. Er sitzt auf seiner Reisetasche, die Arme auf den Knien, darauf hat er seinen Kopf gelegt. Lilli geht auf ihn zu, stellt sich vor ihn und sagt: „Sebastian Vanderbeke?"
Der Mann hebt seinen Kopf.
„Ja?"
Ich fasse Lilli am Arm und frage: „Chef, darf ich?"
Lilli grinst mich an. Dann tritt sie einen Schritt zurück, macht eine einladende Handbewegung und sagt: „Klar doch."

> Die Uhrzeit wird formalsprachlich anders angegeben als umgangssprachlich.
> Beispiel: 4:24 Uhr
> Formalsprache: *vier Uhr vierundzwanzig*
> Umgangssprache: *vierundzwanzig nach vier* oder *sechs vor halb fünf* oder *kurz vor halb fünf*
> Zu *dreißig Minuten* sagt man umgangssprachlich *eine halbe Stunde.*

Ich gehe auf den jungen Mann zu, stelle mich vor ihn und sage: „Sebastian Vanderbeke?"
„Ja! Was wollen Sie?"
„Kriminalpolizei. Sie sind festgenommen."

Übung 12: **Was soll man in der Disko nicht aus den Augen lassen? Ergänzen Sie die Sätze und finden Sie das Lösungswort! ä = ae**

1. Warum kann sich Patrick an nichts erinnern? Hat er ein schlechtes ☐ _ _ _ _ _ _ _ _ _ _?
2. Als Elena auf der Tanzfläche zusammenbricht, ist die Party zu ☐ _ _ _.
3. Kommissarin Buchholz ruft Ahmed an. Dafür benutzt sie ein ☐ _ _ _ _ _ _.
4. Wenn die Polizei jemandem Fragen stellt, nennt man das eine _ _ _ ☐ _ _ _ _ _.
5. Die Kommissare wissen, wo Sebastian wohnt, denn auf dem Personalausweis steht auch die ☐ _ _ _ _ _ _.
6. Die beiden Kommissare fahren zum Bahnhof, denn Sebastian hat eine _ ☐ _ _ _ _ _ _ _ _ _ dabei.
7. Wer hat Sebastian auf dem Weg zum Bahnhof gesehen? Der ☐ _ _ _ _ _ _.
8. Beide Mittel zusammen haben eine tödliche _ _ _ ☐ _ _ _.

Lösungswort: _ _ _ _ _ _ _ _

Eine mörderische Falle

Gabi Winter

Der untreue Ehemann

„Folgen Sie bitte dem Auto vor uns!“ Dieter Grummel ist erleichtert. Er hat Max Dürstein nicht **aus den Augen verloren.** Auf dem Frankfurter Flughafen sind wie immer viele Menschen unterwegs.

„Sind Sie Detektiv?“, fragt der Fahrer des Taxis. Grummel hat es einem Reisenden an der Ankunftshalle noch vor der Nase **wegschnappt.**

„Ja, **Privatdetektiv**“, antwortet er.

untreu	*hier*: die Ehefrau/den Ehemann mit einer anderen Person betrügen
aus den Augen verlieren	*hier*: jn. nicht mehr sehen können
ϟ wegschnappen	wegnehmen
Privatdetektiv *m*	Beruf: ermittelt und beobachtet Personen im Auftrag von Privatpersonen
Verfolgungsjagd *f*	jn. schnell und längere Zeit verfolgen
spannend	aufregend, sehr interessant

„Und wen verfolgen wir? Einen Dieb oder einen Mörder?“ Der Taxifahrer ist aufgeregt. Eine **Verfolgungsjagd** erlebt er nicht jeden Tag.

„Das wäre schön“, sagt Grummel leise. „Aber der Grund für unsere Fahrt ist nicht ganz so **spannend**.“

Frankfurter bezeichnen ihre Stadt mit ca. 700.000 Einwohnern oft als kleinste Metropole der Welt. Sie hat den größten Flughafen und die höchsten Häuser Deutschlands. Wegen der Wolkenkratzer-Skyline wird die Stadt am Main auch *Mainhattan* genannt.

Übung 1: **Lesen Sie weiter und unterstreichen Sie alle Adjektive!**

Der Detektiv wünscht sich schon lange einen großen Fall. Deshalb ist er von seinem **gemütlichen** Heimatort im Odenwald nach Frankfurt gezogen. Aber auch in der **aufregenden** Großstadt jagt er seit 20 Jahren nur untreue Ehemänner. So wie den erfolgreichen Geschäftsmann Max Dürstein. Seine Frau glaubt, dass er in Frankfurt eine junge **Geliebte** hat.

Das Ehepaar Dürstein kommt aus Hamburg. Grummel weiß von Kathrin Dürstein, dass sie dort mit ihrem Ehemann in einer großen Villa lebt. Doch in Frankfurt haben beide noch eine kleine Wohnung, in der sie auf ihren Geschäftsreisen übernachten. Meistens verreist Max Dürstein aber alleine. Das alles erzählt Grummel dem Taxifahrer **jedoch** nicht. Denn auch Privatdetektive haben **Berufsgeheimnisse**. Zwischen den hohen **Wolkenkratzern** in der Innenstadt stoppt das Taxi vor ihnen plötzlich. Max Dürstein steigt aus und winkt

gemütlich	bequem, angenehm
aufregend	spannend, dramatisch
Geliebte *f*	*hier*: Frau, mit der ein verheirateter Mann ein Liebesverhältnis hat
jedoch	aber
Berufsgeheimnis *n*	Verpflichtung, über berufliche Informationen zu schweigen
Wolkenkratzer *m*	sehr hohes Gebäude

einer hübschen rothaarigen Frau in einem weißen Sommerkleid zu. Sie **stürmt** lachend in seine Arme.

„Biegen Sie rechts in die Seitenstraße ab und warten Sie auf dem Parkplatz an der Ecke!", ruft Grummel dem Fahrer seines Taxis zu.

Der Detektiv läuft zur Hauptstraße zurück und versteckt sich hinter einem Baum. Mit der Kamera seines Smartphones macht er Fotos von dem Liebespaar, das sich vor dem Schaufenster eines Kaufhauses **leidenschaftlich** küsst.

ϟ **stürmen**	*hier*: schnell laufen
leidenschaftlich	sehr emotional, mit viel Gefühl
Apfelweinviertel *n*	Stadtteil mit traditionellen Apfelweinlokalen
betrügen	*hier*: untreu sein
Beweisfoto *n*	Fotografie, die bestätigt, dass eine Vermutung zutrifft

Zufrieden steigt Grummel zehn Minuten später wieder in sein Taxi ein. „Geschafft!", sagt er und atmet tief durch.

Der Detektiv schaut auf seine Armbanduhr und wendet sich wieder dem Fahrer zu. „Fahren Sie mich jetzt bitte nach Alt-Sachsenhausen. So schnell habe ich noch keinen Fall gelöst. Das muss ich gleich feiern."

Vor dem Lokal in dem beliebten **Apfelweinviertel** nimmt Grummel sein Handy aus der Hosentasche und ruft Frau Dürstein an.

„Ihre Vermutung ist leider richtig", berichtet der Detektiv. „Ihr Mann **betrügt** Sie. Ich schicke Ihnen die **Beweisfotos** gleich auf Ihr Smartphone."

Kathrin Dürstein lobt: „Gute Arbeit, Herr Grummel. Neh-

Nachforschung *f*	nach Ursachen, Gründen oder Beweisen suchen
Honorar *n*	Bezahlung für Arbeit
↯ **putzmunter**	sehr wach, in bester Verfassung
Hochhaus *n*	hohes Haus mit vielen Etagen, aber oft nicht so hoch wie ein Wolkenkratzer

men Sie den Schlüssel, den ich Ihnen für Ihre **Nachforschungen** geschickt habe, und gehen Sie morgen früh in unsere Wohnung. Mein Mann hat zwischen neun und Viertel nach zehn einen wichtigen Termin. Dann ist er bestimmt nicht zu Hause. Im Wohnzimmer finden Sie in der untersten Schublade des Schreibtischs Ihr **Honorar**. Ich habe es in einen Briefumschlag gesteckt."

‚Diese Frau ist seltsam', wundert sich Grummel. ‚Und traurig scheint sie über den Beweis, dass ihr Mann eine Geliebte hat, auch nicht zu sein. Aber solange ich mein Geld bekomme, ist mir alles andere egal.' Zu Frau Dürstein sagt er nur: „Okay, vielen Dank. Wohin soll ich Ihnen den Schlüssel zurückschicken?"

Eine Antwort bekommt der Detektiv nicht mehr. Kathrin Dürstein hat das Gespräch bereits beendet. ‚Dann kläre ich das eben später', nimmt er sich vor.

Als sich Grummel am nächsten Morgen auf den Weg zur Wohnung der Dürsteins macht, ist er **putzmunter**. Am Abend zuvor ist er schon um halb neun schlafen gegangen.

Mit dem Fahrstuhl fährt der Detektiv in den zehnten Stock des **Hochhauses**. An der Wohnungstür klingelt er noch zweimal und wartet einen Moment. Aber wie erwartet, öff-

net niemand. Grummel schließt die Tür auf. In der Wohnung ist es ganz still.
‚Das muss das Wohnzimmer sein', denkt Grummel, als er den ersten Raum betritt.
Dort steht direkt neben dem Sofa und dem Fernseher ein großer Schreibtisch. In der untersten Schublade findet der Detektiv den Briefumschlag. Er will ihn gerade öffnen, als plötzlich im Zimmer nebenan ein Handy klingelt.
Grummel **erschrickt**. Der große Mann macht sich ganz klein und versteckt sich hinter dem Sofa. Wer kann das sein? Er wartet fünf Minuten. Dann geht er **auf Zehenspitzen** zu dem Raum, aus dem das Klingeln gekommen ist.
Vorsichtig öffnet der Detektiv die Tür. Das, was er in dem Schlafzimmer sieht, treibt ihm die **Schweißperlen** auf die Stirn. Max Dürstein und seine rothaarige Geliebte liegen regungslos auf dem Doppelbett. Grummel sieht sofort, dass beide tot sind: Ihre Augen sind weit geöffnet.
Der Detektiv kann kein Blut oder ein anderes Zeichen einer **Gewalttat** entdecken. Doch auf dem Tisch an Dürsteins Bettseite stehen neben dem Handy zwei Gläser mit einem

erschrecken	einen Schrecken oder Angst bekommen
auf Zehenspitzen	*hier*: ganz leise und vorsichtig gehen
Schweißperle *f*	Schweißtropfen; Wasser, das von der Stirn tropft, wenn man schwitzt, z.B. beim Sport
Gewalttat *f*	kriminelle Tat, die jm. körperlichen und/oder seelischen Schmerz zufügt
vergiften	*hier*: jn. mit Gift töten
Klicken *n*	*hier*: kurzes metallisches Geräusch
Hausmeister *m*	Beruf: sorgt dafür, dass im Haus alles funktioniert und in Ordnung ist

Rest Rotwein und den Spuren eines weißen Pulvers. Die dazugehörende Flasche findet der Detektiv in der Küche. Max Dürstein und seine Geliebte wurden **vergiftet**, vermutet Grummel sofort. Er geht zurück ins Wohnzimmer und holt sein Handy aus der Jackentasche. Er will die Polizei anrufen.

Übung 2: Wahrheit oder Lüge? Kreuzen Sie die richtigen Aussagen an!

1. Detektiv Grummel ist auf dem Weg zur Arbeit müde. ❐
2. Im Schlafzimmer klingelt ein Wecker. ❐
3. Dürstein und seine Geliebte liegen tot auf dem Bett. ❐
4. Grummel vermutet, dass der Rotwein vergiftet war. ❐

Noch bevor Grummel die Nummer wählen kann, klingelt und klopft es an der Wohnungstür. Nur einen Moment später hört er ein **Klicken** im Schloss und die Tür geht auf. Zwei Polizisten betreten mit dem **Hausmeister** die Wohnung.

„Gut, dass Sie kommen, ich wollte Sie gerade anrufen", sagt Grummel überrascht.

„Sind Sie Herr Dürstein?", fragt einer der Polizisten. „Warum haben Sie uns denn nicht hereingelassen?"

„Das ist nicht Max Dürstein", erklärt der Hausmeister. „Des-

> Der Name Handy wird zwar englisch ausgesprochen, aber nur in der deutschen Sprache für ein Mobiltelefon genutzt. Wer den Begriff erfunden hat, ist bis heute nicht genau geklärt.

halb habe ich Sie doch angerufen. Diesen Mann habe ich um genau 9.15 Uhr auf den Bildern der **Überwachungskamera** gesehen. Er ist in die Wohnung **eingebrochen**."

Einer der Polizisten unterbricht den Hausmeister: „Ob es sich um einen Einbruch handelt, wissen wir noch gar nicht. An der Tür sind keine Spuren zu sehen."

„Natürlich nicht!", ruft Grummel **empört**. „Zum einen habe ich die Tür nicht um Viertel nach neun, sondern um zehn nach neun geöffnet", korrigiert er den Hausmeister. „Zum anderen, und das ist viel wichtiger, hat mir Frau Dürstein einen Schlüssel gegeben, damit ich in die Wohnung gehen kann. Ihr Ehemann ist tot. Er liegt mit seiner Geliebten im Schlafzimmer. Die beiden sind vermutlich vergiftet worden."

Die Polizisten sehen ihn **verständnislos** an.

„Ach, ich habe mich noch nicht vorgestellt. Mein Name ist Dieter Grummel. Ich bin Privatdetektiv und ich habe die beiden **Leichen** entdeckt."

„Zwei Leichen?", fragt der Hausmeister mit **entsetztem** Gesichtsausdruck.

Der Mann kommt Grummel bekannt vor. Aber er hat keine Zeit, um nachzudenken, wo er ihn schon gesehen hat. Denn

Überwachungskamera *f*	Kamera, die aufzeichnet, was im oder vor einem Haus geschieht
einbrechen	ohne Erlaubnis in eine fremde Wohnung eindringen
empört	verärgert, wütend
verständnislos	etw. nicht verstehen können
Leiche *f*	toter Mensch
entsetzt	schockiert, fassungslos

die Polizisten haben es sehr **eilig**, ins Schlafzimmer zu gehen.
Der neugierige Hausmeister will mitkommen. Doch einer der Beamten stoppt ihn. „Wir brauchen Sie jetzt nicht mehr. Sie können gehen. Falls wir noch Fragen an Sie haben, melden wir uns bei Ihnen."

es eilig haben	unter Zeitdruck sein, keine Zeit haben
Mordkommission *f*	Abteilung der Polizei, die sich um Morde kümmert
Auftrag *m*	bezahlte Aufgabe
Verdacht *m*	Vermutung, dass jd. schuldig ist
verschwinden	nicht mehr zu finden sein
stehlen	fremdes Eigentum wegnehmen, rauben

Schon nach den ersten Blicken ins Schlafzimmer sagt der zweite Polizist: „Wir sind hier falsch. Darum muss sich die **Mordkommission** kümmern. Ich rufe gleich dort an."
Während sie auf die Kommissare warten, wollen die beiden Polizisten Grummels Detektivausweis sehen. „Was haben Sie überhaupt in der Wohnung gemacht?"
Der Detektiv erzählt ihnen von seinem **Auftrag** und zeigt den Schlüssel, den ihm Kathrin Dürstein geschickt hat.
Die Polizisten blicken sich ungläubig an. „Frau Dürstein hat uns angerufen, nachdem der Hausmeister sie über seinen **Verdacht** informiert hatte. Ihr Schlüssel für die Frankfurter Wohnung ist **verschwunden**. Sie glaubt, dass er **gestohlen** wurde. Ihren Mann kann Frau Dürstein schon seit gestern Abend um 22 Uhr nicht mehr telefonisch erreichen. Deshalb macht sie sich Sorgen. Von Ihnen oder

> Trennbare Verben wachsen in Verbindung mit einem Modalverb (z. B. *können, wollen, sollen*) wieder zusammen: *Der Privatdetektiv ruft Frau Dürstein an.* Aber: *Er möchte sie anrufen.*

sich wehren	sich verteidigen
trauen	vertrauen, glauben
Falle *f*	ein falsches Spiel, um jm. zu schaden
↯ jm. etwas in die Schuhe schieben	einen anderen beschuldigen, aber man hat es selbst getan

einem Auftrag hat sie uns nichts gesagt."

Dass jemand ab zehn Uhr abends nicht mehr zu erreichen ist, wundert Grummel nicht. Er ist oft früh müde: Gestern hat er das letzte Mal um 20.30 Uhr auf den Wecker geschaut, bevor er das Licht im Schlafzimmer ausgemacht hat. Aber ein Lügner ist er nicht. Er **wehrt sich** wütend: „Das stimmt doch alles nicht! Ich rufe gleich noch einmal bei Frau Dürstein an, damit sie Ihnen meinen Auftrag bestätigt." Doch am anderen Ende der Leitung meldet sich nur die Mailbox. Der Detektiv zeigt den Beamten den Briefumschlag mit seinem Honorar. „Sehen Sie, hier haben Sie den Beweis dafür, dass meine Geschichte stimmt."

Der Polizist, der den Umschlag öffnet, pfeift durch die Zähne und gibt den Brief an seinen Kollegen weiter. „50.000 Euro für die Beweise, dass ein Mann seine Frau betrügt? Das ist aber ziemlich viel", meint er.

> Bei Fragen, die mit *Ja* oder *Nein* beantwortet werden, steht das Verb am Satzanfang: *„Heißen Sie Grummel?" „Ja, das ist mein Name."*
> Bei W-Fragen *(Wer, Wie, Was, Warum)*, deren Beantwortung nähere Erklärungen liefert, rückt das Verb hinter das Fragewort: *„Wo waren Sie gestern?" „Ich war zu Hause."*

Grummel **traut** seinen Augen nicht, als er die vielen Geldscheine sieht. Denn er sollte nur 5000 Euro für seinen Auftrag bekommen. „Das muss eine **Falle** sein." Er ist überzeugt: „Frau Dürstein will mir einen Mord **in die Schuhe schieben**."

Übung 3: Wie viel Uhr ist es? Sagen Sie es in der Umgangssprache! Das Lösungswort verrät, in welche Situation Detektiv Grummel vermutlich geraten ist.

1. 11 Uhr = _ _ ☐ (Uhr)
2. 09.15 Uhr = _ _ _ _ _ _ _ _ ☐ _ _ _ _ _ _
3. 10.30 Uhr = _ _ ☐ _ _ _ _
4. 20.30 Uhr = _ _ ☐ _ _ _ _ _
5. 08.10 Uhr = _ ☐ _ _ _ _ _ _ _ _ _ _

Lösung: _ _ _ _ _

Detektiv unter Mordverdacht

Lena Mohrer und Jens Holtfeld von der Mordkommission kommen kurze Zeit später in der Wohnung des Ehepaares Dürstein an. Doch auch die beiden Kommissare zweifeln, ob Grummel die Wahrheit sagt. Da sie noch viele Fragen an den Detektiv haben, nehmen sie ihn zur Befragung aufs **Polizeirevier** mit.

„Wir werden Ihre Angaben mithilfe unserer Kollegen in Hamburg überprüfen", kündigt Kommissarin Mohrer an. „Weil Sie solange selbst unter Verdacht stehen, an der Tat beteiligt zu sein, rufen Sie besser einen **Rechtsanwalt** an."

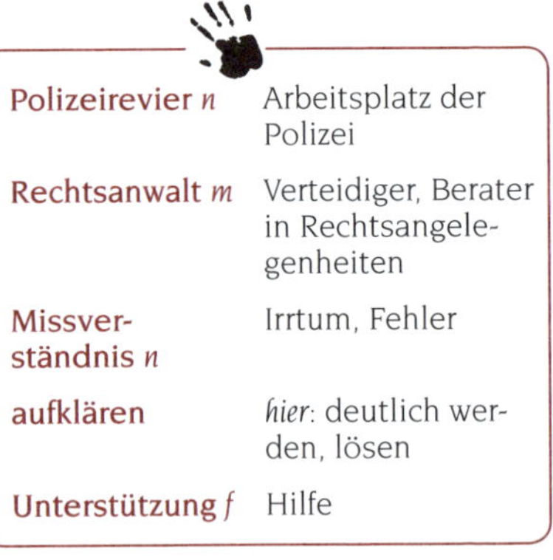

Polizeirevier *n*	Arbeitsplatz der Polizei
Rechtsanwalt *m*	Verteidiger, Berater in Rechtsangelegenheiten
Missverständnis *n*	Irrtum, Fehler
aufklären	*hier*: deutlich werden, lösen
Unterstützung *f*	Hilfe

Dieter Grummel macht sich deshalb keine großen Sorgen. „Das **Missverständnis klärt** sich bestimmt schnell **auf**", glaubt er. Deshalb verzichtet er auf die **Unterstützung** eines Anwalts.

Auf dem Polizeirevier fragt der Detektiv die Kommissare: „Haben Ihre Kollegen in Hamburg inzwischen noch einmal mit Frau Dürstein gesprochen?"

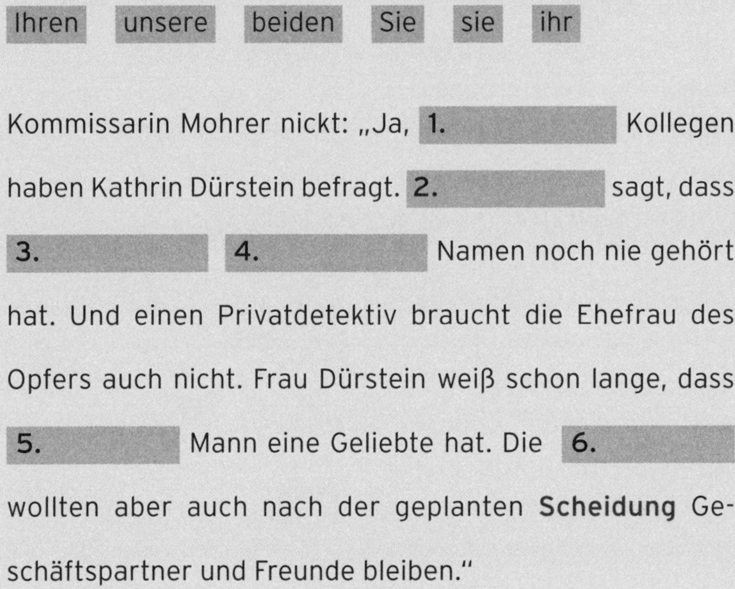

Übung 4: Lesen Sie weiter und setzen Sie die passenden Pronomen in die Lücken ein!

Ihren | unsere | beiden | Sie | sie | ihr

Kommissarin Mohrer nickt: „Ja, 1. ______ Kollegen haben Kathrin Dürstein befragt. 2. ______ sagt, dass 3. ______ 4. ______ Namen noch nie gehört hat. Und einen Privatdetektiv braucht die Ehefrau des Opfers auch nicht. Frau Dürstein weiß schon lange, dass 5. ______ Mann eine Geliebte hat. Die 6. ______ wollten aber auch nach der geplanten **Scheidung** Geschäftspartner und Freunde bleiben."

Dieter Grummel glaubt nicht, was er da hört. „Darf ich noch einmal bei Frau Dürstein anrufen?", bittet er **verzweifelt**.

„Versuchen Sie es", **ermutigt** ihn die Kommissarin Lena Mohrer.

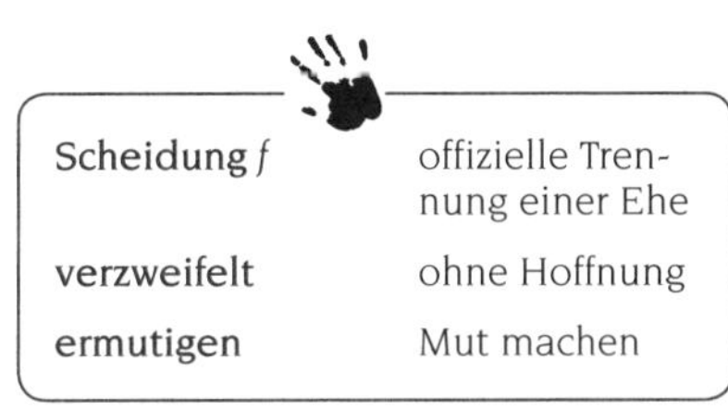

Scheidung *f*	offizielle Trennung einer Ehe
verzweifelt	ohne Hoffnung
ermutigen	Mut machen

Doch wie beim letzten Mal landet Grummels Anruf wieder auf der Mailbox. Er gibt den Kommissaren die Telefonnummer von Kathrin Dürsteins Smartphone: „Probieren Sie es doch bitte selbst noch einmal. Eine **Festnetznummer** habe ich nicht. Wir haben alle Informationen übers Handy **ausgetauscht**."

Kommissarin Mohrer schaut auf die Zahlen, die Grummel aufgeschrieben hat. „Alle Telefonnummern, die wir von Frau Dürstein haben, **stimmen** nicht mit dieser **überein**." Ihre Stimme klingt **bedauernd**.

Grummel wird es heiß und kalt. ‚Warum bin ich nur so unvorsichtig gewesen?', fragt er sich. „Ich weiß ja noch nicht einmal, wie Kathrin Dürstein aussieht", sagt er dann wieder laut.

Festnetznummer *f*	Telefonnummer für eine Wohnung oder ein Büro
austauschen	*hier*: besprechen
übereinstimmen	identisch, gleich sein
bedauernd	mitfühlend, man wünscht sich ein anderes Ergebnis
Albtraum *m*	sehr schlechter Traum
Meisterdetektiv *m*	einer der besten Detektive

„Aber Frau Dürstein hat Sie auf einem Bild wiedererkannt, das ihr der Hausmeister des Hochhauses per E-Mail geschickt hat. Die Dame ist gerade auf dem Weg nach Frankfurt."

Dieser Fall wird für Detektiv Grummel immer rätselhafter. ‚In meinen schlimmsten **Albträumen** habe ich mir nicht ausgemalt, einmal als Mörder verdächtigt zu werden', denkt er. Aber bei aller Verzweiflung über seine Lage bleibt er optimistisch: ‚Wenn ich hier rauskomme, finde ich den richtigen Schuldigen. Dann kann ich allen beweisen, dass in mir ein richtiger **Meisterdetektiv** steckt.'

Zu den Kommissaren sagt Grummel nur: „Auf die Begegnung mit Frau Dürstein bin ich schon gespannt."

ausscheiden	*hier*: nicht infrage kommen
handeln mit	kaufen und verkaufen
Holzschnitzerei *f*	Handarbeit aus Holz
Kreuzfahrt *f*	große Reise mit dem Schiff
nachhaken	nachfragen

Frau Dürstein betritt das Büro der Kommissare mit einem lauten „Guten Tag!". Sofort **scheidet** sie für Grummel als Tatverdächtige **aus**. Denn die Stimme der Frau vom Telefon ist viel höher. Was Frau Dürstein dann erzählt, überrascht den Detektiv sehr. Denn sie behauptet, dass sie Grummel in Hamburg gesehen hat.

„Wir **handeln mit** alten Möbeln", berichtet Kathrin Dürstein der Polizei. „Mein Mann hat diesem Herrn einen Schrank mit seltenen **Holzschnitzereien** besorgt. Als Dankeschön hat er ihm zum Abschied noch eine teure Flasche Rotwein geschenkt."

Grummel ist wütend. Mit rotem Kopf sagt er: „Wie kommen Sie denn darauf? Sie müssen mich verwechseln. Ich finde die Hafenstadt im Norden zwar sehr schön, aber ich bin nur ein einziges Mal in Hamburg gewesen. Und das war vor 20 Jahren. Damals habe ich meine Mutter zu dem Schiff gebracht, mit dem sie eine große Weltreise gemacht hat. Nach ihrer **Kreuzfahrt** war ich nie wieder dort!"

Kommissar Holtfeld fragt Frau Dürstein: „Wann soll Herr Grummel denn in Hamburg gewesen sein?"

Als sie ein Datum aus der letzten Woche nennt, **hakt** der Kommissar **nach**: „Was haben Sie an diesem Tag gemacht, Herr Grummel?"

Der Detektiv überlegt einen Augenblick: „Ich war zu Hause

und lag krank im Bett."
„Gibt es dafür Zeugen?"
„Nein, ich war alleine. Aber meine Nachbarn müssen gesehen haben, dass ich zu Hause war. Denn mein Auto hat immer auf demselben Parkplatz gestanden." Grummel wird immer ärgerlicher, als er bemerkt, dass er nun noch stärker in Verdacht gerät: „Ich habe doch gar keinen Grund, Herrn Dürstein und seine Geliebte zu töten."

Motiv *n*	Grund
Lieblings-kneipe *f*	favorisierte Gaststätte
sparsam sein	nicht viel Geld ausgeben
Rente *f*	monatliche Geldzahlung, Pension (hier: nach dem Berufsleben)

Lena Mohrer kann sich ein **Motiv** vorstellen: „Das Geld in dem Briefumschlag! Sie wollten es stehlen, nachdem Sie überprüft haben, dass Herr Dürstein und seine Freundin nicht mehr leben."
„Ich brauche das Geld von Herrn Dürstein nicht", versichert der Detektiv. „Aber einen Anwalt will ich jetzt doch haben. Darf ich bitte telefonieren?"
Grummel ruft einen befreundeten Rechtsanwalt an. Er trifft ihn oft nach Feierabend in seiner **Lieblingskneipe** in Sachsenhausen.
Der Rechtsanwalt ist kurze Zeit später auf dem Polizeirevier. Er kann die Polizisten davon überzeugen, dass Geld tatsächlich kein Motiv für Grummel ist. „Er ist sehr **sparsam** und macht nie Schulden. Herr Grummel hat sogar so viel Geld auf seinem Konto, dass er sich in seinem Heimatort im Odenwald ein Haus davon kaufen kann. Das können Sie ja leicht kontrollieren."

Grummel fügt hinzu: „Wenn ich in **Rente** gehe, kehre ich in mein Dorf zurück. Ich fahre immer gerne nach Hause in den Odenwald. Dort verbringe ich auch jeden Urlaub. Meine Geschwister leben dort mit ihren Kindern. Sonne und Strand sind nichts für mich. Ich mag es zwar gemütlich, aber kühler und grüner – mit viel Wald und Wiesen. Die Großstadt finde ich spannend, doch nur für meinen Beruf."

Übung 5: Suchen Sie nach dem Lösungswort! Es beschreibt, wie die Arbeit eines Detektivs meistens verläuft.

1. Wer nicht viel Geld ausgibt ist □ _ _ _ _ _ _.

2. Hier kann man Autos abstellen: _ _ _ _ □ _ _ _ _ .

3. Eine große Reise mit dem Schiff ist eine _ _ _ _ _ _ □ _ _ _.

4. Monatliche Geldzahlungen nach dem Ende der Berufstätigkeit: _ _ □ _ _

5. Im Odenwald gibt es viele grüne _ _ _ _ _ □.

6. Nach _ _ _ _ _ _ _ _ □ _ wacht man morgens müde auf.

7. Menschen, die eine Tat genau beobachtet haben, sind gute _ _ _ _ _ □.

8. Im Urlaub am Meer gehen Urlauber oft an den _ _ _ _ _ □.

Lösungswort: _ _ _ _ _ _ _ _

Kommissarin Mohrer fragt Kathrin Dürstein: „Hat außer Ihnen noch jemand Herrn Grummel in Ihrem **Laden** gesehen?"
„Nein, außer meinem Mann, diesem Herrn und mir war niemand da."
Lena Mohrer antwortet: „Tja, dann dürfen Sie **vorläufig** wieder gehen, Herr Grummel. Wo können wir Sie erreichen, falls wir noch Fragen haben? Teilen Sie uns das bitte mit." Die Kommissarin wendet sich an Kathrin Dürstein: „Sie bitte auch, Frau Dürstein."
Detektiv Grummel bleibt noch einen Moment sitzen. Er ist erstaunt, dass er nach den Behauptungen der Zeugin so schnell wieder gehen darf.
Kommissarin Mohrer lacht. „Die **Wahrscheinlichkeit**, dass Frau Dürstein sich bei Ihrer **Identifizierung** getäuscht hat, ist groß. Ich habe vorhin gesehen, dass sie auf dem Flur die Damentoilette mit der Herrentoilette verwechselt hat. Die Dame scheint sehr **kurzsichtig** zu sein. Sie glaubt immer noch, dass Sie braune Augen haben, dabei ist Ihre Augenfarbe doch ganz klar hellblau."
Die Kommissarin geht zum Fenster und winkt Grummel zu sich heran: „Sehen Sie, zum Autofahren setzt Frau Dürstein eine Brille auf. Hier im Büro hat sie das nicht getan. So ist sie für uns keine **zuverlässige** Zeugin."

Laden *f*	*hier*: Geschäft, in dem Ware verkauft wird
vorläufig	für eine unbestimmte Zeit, vorübergehend
Wahrscheinlichkeit *f*	die Möglichkeit, dass etwas wirklich geschieht oder wahr ist
Identifizierung *f*	sichere Wiedererkennung
kurzsichtig	nur in der Nähe ohne Brille gut sehen können
zuverlässig	man kann der Person vertrauen

Auf der Suche nach dem Motiv

Wieder zu Hause in seiner Wohnung schreibt Grummel vier Fragen an eine große **Tafel** im Arbeitszimmer. Die Antworten sollen ihm bei der Lösung des schwierigen Falls helfen:

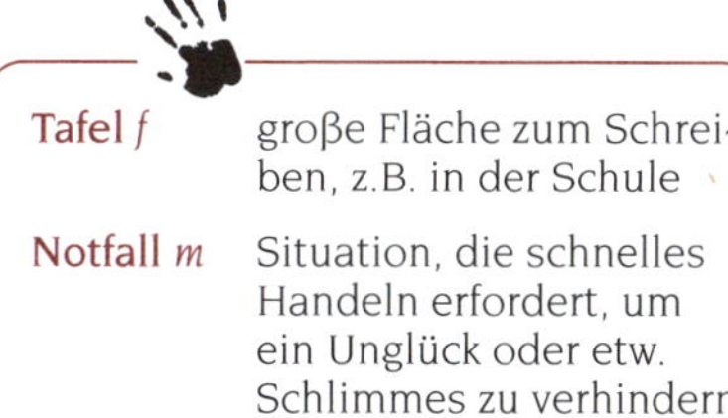

Tafel *f*	große Fläche zum Schreiben, z.B. in der Schule
Notfall *m*	Situation, die schnelles Handeln erfordert, um ein Unglück oder etw. Schlimmes zu verhindern

Übung 6: Lesen Sie weiter und bringen Sie die Satzteile der Fragen in die richtige Reihenfolge:

1. Frau Dürsteins Schlüssel | Wo | ist

____ ?

2. er | Ist | wirklich | gestohlen worden

____ ?

3. haben | noch | einen Schlüssel | Wer | kann | für | die Wohnung

____ ?

4. für **Notfälle** | Hat | einen Schlüssel | der Hausmeister

____ ?

Hinter die letzte Frage schreibt der Detektiv „Nein!". Denn er hat gehört: Der Hausmeister hat den **Schlüsseldienst** gerufen, um die Tür für die Polizei öffnen zu lassen.

Schlüssel-dienst *m*	Firma, die Schlüssel herstellt oder im Notfall verschlossene Türen öffnet
beschließen	eine Entscheidung treffen
Zugang verschaffen	*hier*: es ermöglichen, eine Wohnung zu betreten

Plötzlich fällt Grummel etwas Wichtiges ein: Die Flure des Hochhauses werden mit Kameras überwacht. Also müssen die Bilder alle Personen zeigen, die in die Wohnung der Dürsteins gegangen sind. Auch den Mörder.

Der Detektiv **beschließt**, noch einmal zu dem modernen Hochhaus zu fahren. Er will den Hausmeister nach den Bildern der Überwachungskamera fragen.

Als Grummel das Büro des Mannes betritt, hat er erneut den Eindruck, dass er ihn kennt. Der Name des Hausmeisters hilft seiner Erinnerung allerdings nicht weiter. Müller ist der häufigste Nachname in Deutschland.

„Herr Müller, haben Sie auf den Bildern der Überwachungskamera gesehen, wer sich in den letzten Tagen mit einem Schlüssel **Zugang** zu der Wohnung der Dürsteins **verschafft** hat?", fragt der Detektiv.

„Nur Herr Dürstein. Und Sie natürlich", antwortet Müller

> Bestehen Komposita aus zwei oder mehr Substantiven, bezieht sich der Artikel immer auf das letzte Substantiv, auch Grundwort genannt: *der Hausmeister, das Hochhaus, das Apfelweinviertel.* Die vorangestellten Substantive bestimmen das Grundwort genauer. Hier: *Art des Meisters, Hauses oder Viertels.*

und grinst dabei **schadenfroh**. „Ihre O-Beine und Ihre **strubbeligen** Haare kann niemand verwechseln."
„Darf ich mir einmal die Bilder von gestern anschauen?", bittet Grummel.

schadenfroh	sich über das Unglück anderer freuen
strubbelig	zerzaustes, unordentliches Haar
sich nähern	näherkommen
verführen	*hier*: jn. durch Flirten für sich gewinnen

„Nein!", erwidert der Hausmeister kurz. „Da gibt es nichts zu sehen. Die Kamera in der zehnten Etage war gestern zur Reparatur und ist erst seit heute Morgen wieder zurück. Rechtzeitig, um Sie aufzunehmen, Herr Grummel. Aber das habe ich alles schon der Polizei gesagt."
Grummel ist einen Moment sprachlos. „Das mit der Kamera kann doch kein Zufall sein!", murmelt er.
Hausmeister Müller wird ärgerlich. „Was wollen Sie überhaupt hier? Sie sind kein Polizist, sondern ein Verdächtiger. Also gehen Sie jetzt. Und zwar sofort!"
Der Detektiv schlägt die Tür von Müllers Büro laut zu. Er mag diesen Mann nicht, der ihm nie in die Augen sieht.
Als der Privatdetektiv das Haus verlassen will, beginnt es zu regnen.
„So ein Mist, ich habe meinen Schirm vergessen", flucht er. „Ich muss noch mal zurück."
Als er **sich** dem Büro des Hausmeisters **nähert**, hört Grummel Müllers Stimme durch die Tür hindurch. Er lauscht. Der Hausmeister klingt aufgeregt.
„Die Polizei sagt, es sind zwei Leichen. Wahrscheinlich hat Dürstein schon wieder eine neue Frau **verführt**. Irina kann

es auf keinen Fall sein. Sie musste mit ihrem Chef gestern Abend auf Geschäftsreise gehen und kommt erst übermorgen zurück. Der **Weiberheld** hat eine tolle Frau wie Irina gar nicht verdient. Um ihn ist es nicht schade."
„Hatschi!" Grummel muss niesen.
„Ich glaube, da kommt jemand!" Müller spricht nun viel leiser. „Warte einen Augenblick!" Er geht zur Tür und schaut nach.
Der Detektiv versteckt sich schnell hinter einem Schrank. Erst als der Hausmeister wieder mit seinem Besucher spricht, geht er zurück und **presst** ein Ohr fest an die Tür.
„Schön, dass du mich hier morgen **vertreten** kannst. Denn meine Theaterprobe ist wichtig. In dem neuen Krimi spiele ich den Mörder", sagt Müller. „Wenn du Zeit hast, lade ich dich heute Abend zum Dank auf ein Glas Wein ein." Er lacht **hämisch**. „Es ist auch garantiert nicht vergiftet."
„Na, da bin ich aber froh", erwidert der unbekannte Besucher und lacht auch.
Grummel klopft an die Tür.
„Herein!"
„Ich habe meinen Regenschirm vergessen", sagt der Detektiv.
„Hier nicht", antwortet Müller.
Grummel schaut sich noch einmal um. „Ich werde wohl langsam **vergesslich**. Dann habe ich ihn doch im

ϟ Weiberheld *m*	Mann mit häufig wechselnden Beziehungen
pressen	fest drücken
jn. vertreten	vorübergehend die Aufgaben, die Arbeit eines anderen übernehmen
hämisch	böse, boshaft
vergesslich	sich schlecht an etwas erinnern können

Auto gelassen." Er verabschiedet sich schnell von dem Hausmeister und seinem Besuch: „Einen schönen Abend wünsche ich Ihnen noch."

Übung 7: Was kann man mit Augen, Mund oder Nase tun? Lösen Sie das Kreuzworträtsel! ö = oe

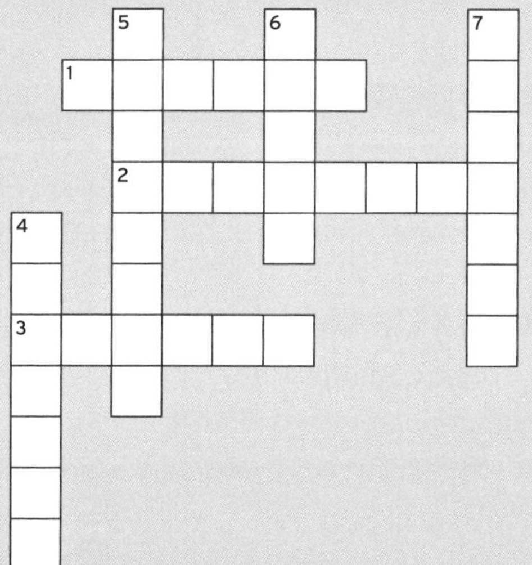

waagerecht:

1. Freude zeigen
2. anderes Wort für *reden*
3. mit den Ohren wahrnehmen

senkrecht:

4. anderes Wort für *sehen* oder *gucken*
5. aufmerksam zuhören
6. mit den Augen wahrnehmen
7. mit bösen Gedanken oder hämisch lächeln

Dieses Mal ist der Detektiv froh über seine Vergesslichkeit. Denn durch seine Rückkehr hat er einen wichtigen Hinweis bekommen, über den er so schnell wie möglich mit den Kommissaren sprechen will: Woher weiß der Hausmeister, dass Gift im Wein war?

Ermittlungen *pl*	Nachforschungen der Polizei
verbergen	verheimlichen, verstecken
Schlüsselanhänger *m*	kleine Figur am Schlüssel
ϟ in die Falle tappen	hereinfallen, von jm. betrogen werden
Feind *m*	das Gegenteil von Freund
Ehebruch *m*	den Ehepartner mit einer anderen Person betrügen

„Herr Grummel, schön, dass Sie da sind." Kommissarin Mohrer ist alleine im Büro und begrüßt den Detektiv jetzt viel freundlicher als am Morgen.
„Ich habe einige Informationen, die Ihnen bei Ihren **Ermittlungen** weiterhelfen können", berichtet Grummel. Er erzählt, was er bei dem Hausmeister gehört hat.
Kommissarin Mohrer sagt ihm, dass Müller und auch die Zeitungen keine Informationen bekommen haben, dass Gift im Wein war. Wir müssen ja noch das endgültige Ergebnis der Untersuchungen abwarten."
Grummel ist sich sicher: „Dieser Mann hat bestimmt etwas zu **verbergen**."
„Wenn das stimmt, finden wir es heraus", sagt die Kommissarin. „Vielleicht weiß er mehr, als er uns sagen möchte. Vielleicht hat er aber auch nur über den Mord in seinem Theaterstück gesprochen."

Übung 8: Lesen Sie weiter und finden Sie das passende Gegenstück der trennbaren Verben!

auf zurück ab zu

Grummel ist ungeduldig, doch er wartet die Gespräche mit der Polizei **1.** ______, um nichts falsch zu machen. Er hört der Kommissarin genau **2.** ______ und passt gut **3.** ______, damit er mit dem, was er sieht und hört, helfen kann. Er kommt bestimmt aufs Polizeirevier **4.** ______, wenn er etwas Neues weiß.

„Ich habe übrigens eine gute Nachricht für Sie", fährt Lena Mohrer fort. „Wir haben Frau Dürsteins Schlüssel in der Wohnung der toten Geliebten ihres Mannes gefunden. Er hat ihn ihr wahrscheinlich selbst gegeben. Frau Dürstein hat ihn am **Schlüsselanhänger** wiedererkannt."
„Dann ist der Schlüssel, den ich habe, eine Kopie", denkt Grummel laut nach. „Wo es eine Kopie gibt, existiert bestimmt auch noch eine zweite."
„Vermutlich sind Sie wirklich **in eine Falle getappt**", meint nun auch die Kommissarin. „Haben Sie **Feinde**?"
„Ich kenne keinen. Aber die Männer, die ich beim **Ehebruch** erwischt habe, mögen mich bestimmt nicht. Eine der Frauen, die sich von ihrem Mann nach meinen Beweisfotos scheiden ließ, hat mich gewarnt. Sie hat gesagt: ‚Mein

Mann will sich an Ihnen **rächen**'", berichtet Grummel. „Doch das war vor einigen Jahren. Er hatte viele Geliebte. Nachher hat er erzählt, dass er trotzdem nur seine Frau liebt. Am meisten hat er jedoch ihr Geld geliebt. Denn sie ist reich. Ich glaube, der Mann hat bei der Scheidung keinen Cent bekommen."

rächen	Vergeltung für eine Tat üben
Unterlagen *pl*	Dokumente, Papiere

„Das könnte ein Motiv für die Rache an Ihnen sein. Aber für einen Mord?" Die Kommissarin hat daran Zweifel. „Erinnern Sie sich noch an den Namen des Ehepaars? Gibt es da vielleicht eine Verbindung zu den Dürsteins?"
Grummel verspricht, in seinen **Unterlagen** nachzuschauen und die Kommissarin am nächsten Tag zu informieren.

4 Theaterprobe für einen Mord

Beim Anblick der vielen **Ordner** in seinen Regalen stöhnt der Detektiv. „Die Suche nach dem Namen kann Stunden oder Tage dauern."

Er hat eine bessere Idee, mit der er Zeit sparen kann. Grummel erinnert sich nämlich noch gut daran, wo die Ex-Frau des **rachsüchtigen** Mannes wohnt. Die große Villa im schönen Taunus hat ihn schon beim ersten Treffen mit seiner damaligen **Auftraggeberin** beeindruckt. Er plant, sie am nächsten Morgen zu besuchen.

Auf dem Schild neben der Klingel liest der Detektiv den Namen „C. Multobelli". Er tippt sich an die Stirn: „Wie konnte ich diesen schönen Namen nur vergessen?"

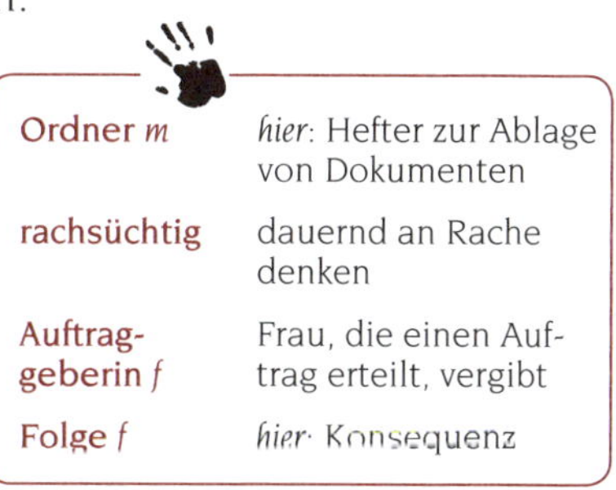

Ordner *m*	*hier*: Hefter zur Ablage von Dokumenten
rachsüchtig	dauernd an Rache denken
Auftraggeberin *f*	Frau, die einen Auftrag erteilt, vergibt
Folge *f*	*hier*: Konsequenz

Grummel klingelt und Charlotte Multobelli öffnet selbst die Tür. Der Detektiv erklärt ihr den Grund seines Besuchs. „Ich bin auf der Suche nach Ihrem früheren Ehemann. Gestern hat mir jemand eine Falle gestellt, die schlimme **Folgen** für mich haben kann. Ich soll der Polizei die Namen der Personen nennen, die ein Motiv dafür haben könnten."

„Oh ja, ich erinnere mich. Mein Mann war richtig böse auf

Sie. Wegen Ihrer guten Arbeit hat er bei der Scheidung kein Geld bekommen. Wenigstens nicht so viel Geld, wie er wollte. Damit er darauf verzichtet, weiterhin Multobelli zu heißen, habe ich ihm **freiwillig** 20.000 Euro gegeben. Das ist es mir **wert**. Jetzt heißt er wieder Müller. Seine Adresse habe ich aber nicht mehr. Ich weiß nur, dass er nach unserer Scheidung in Frankfurt eine Arbeit als Hausmeister in einem Hochhaus angenommen hat."

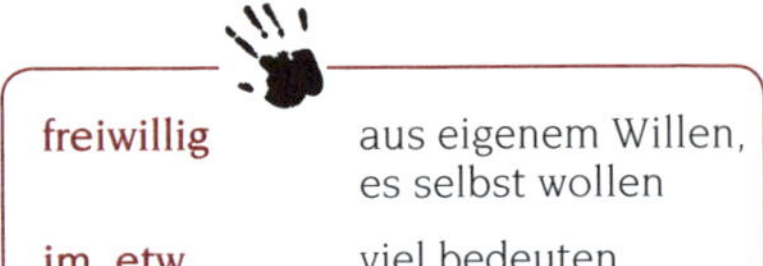

freiwillig	aus eigenem Willen, es selbst wollen
jm. etw. wert sein	viel bedeuten, wichtig sein

Übung 9: Suchen Sie mit dem Detektiv nach dem Motiv für die Tat! Fünf Substantive in diesem Gitternetz geben Hinweise.

B	R	A	O	C	M	X	Y	C	F
D	A	E	I	P	Q	Z	C	H	G
S	C	H	E	I	D	U	N	G	E
M	H	O	C	K	B	X	I	E	L
Z	E	H	E	F	R	A	U	L	I
A	Y	N	F	M	Z	I	K	D	E
C	Z	U	R	S	A	N	O	Y	B
I	E	H	J	L	V	W	A	N	T
F	K	U	D	O	L	N	P	L	E

Grummel hat es auf einmal sehr eilig, wieder zu gehen. Er bedankt sich: „Sie haben mir wirklich sehr geholfen, Frau Multobelli.“

hügelig	wellig, gebirgig
Glatze *f*	keine Haare auf dem Kopf haben

Der Detektiv fährt auf schnellstem Weg zum Polizeirevier. Er will Kommissarin Mohrer von seinen Nachforschungen berichten. Für die **hügelige** Landschaft des Taunus hat er heute keinen Blick.

Übung 10: Lesen Sie weiter und fügen Sie das Verb im Partizip Perfekt ein!

„Hausmeister Müller ist der frühere Herr Multobelli“, erklärt Grummel der Kommissarin. Er informiert sie über alles, was er heute **1.** hören ________________ hat. Früher ist Müller sehr dünn **2.** sein ________________ und hat volles schwarzes Haar **3.** haben ________________. So ähnlich wie Elvis Presley in seinen besten Jahren. Inzwischen ist der Hausmeister dicker **4.** werden ________________ und hat eine **Glatze**. Deshalb habe ich ihn nicht gleich **5.** erkennen ________________.“

Lena Mohrer zuckt nach Grummels Bericht mit den Schultern. „Für mich ist die Lage immer noch nicht klar“, sagt sie. „Welchen Grund sollte der Hausmeister für einen Mord an Max Dürstein und seiner Geliebten haben? Und vergessen Sie nicht: Die Person, die Sie mit ihrem Auftrag in die Falle **gelockt** hat, ist eine Frau. Wer ist sie und was hat sie mit Herrn Müller zu tun? Dazu werde ich ihn noch einmal befragen“, kündigt die Kommissarin an und macht sich gleich auf den Weg zu Müllers Arbeitsplatz.

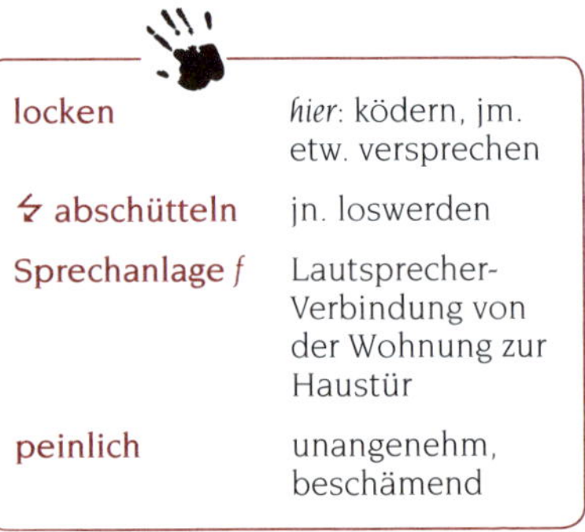

locken	*hier*: ködern, jm. etw. versprechen
ϟ **abschütteln**	jn. loswerden
Sprechanlage *f*	Lautsprecher-Verbindung von der Wohnung zur Haustür
peinlich	unangenehm, beschämend

Lena Mohrer verabschiedet sich von Grummel. Doch er lässt sich nicht **abschütteln** und folgt ihr mit seinem Auto. Als die Kommissarin an der Tür des Hochhauses klingelt, meldet sich anstelle des Hausmeisters ein anderer Mann an der **Sprechanlage**. Er erklärt ihr: „Ich vertrete Herrn Müller, weil er heute seinen freien Tag hat.“

„Können Sie mir seine Privatadresse geben?“, bittet Kommissarin Mohrer.

„Dort ist er bestimmt nicht“, lautet die Antwort. „Herr Müller hat heute Theaterprobe.“

Grummel wird ganz rot, als er das hört. Er hat der Kommissarin zwar von der Theaterprobe erzählt, aber nicht von dem Tag, an dem sie stattfindet. Denn den Tag hat er schon wieder vergessen. Das ist ihm **peinlich**. „Gegen meine Vergesslichkeit sollte ich doch etwas tun“, nimmt er sich vor.

Der Stellvertreter des Hausmeisters lässt Lena Mohrer ins Gebäude und gibt ihr die Adresse des Proberaums von

Müllers Theatergruppe. Grummel wartet vor der Tür und **heftet** sich wieder **an ihre Fersen**, als sie nach draußen kommt.

Nach kurzer Fahrt betreten die Kommissarin und der Detektiv das **Laientheater**. Die Proben laufen bereits. Grummel ist enttäuscht, denn Müller ist nicht zu sehen.

Der Privatdetektiv will schon wieder gehen, als er auf der Bühne eine Stimme hört, die er sofort erkennt. Er schreit laut auf: „Das ist die Frau, die sich bei mir als Frau Dürstein vorgestellt hat."

Die Kommissarin **unterbricht** sofort die Probe und bittet die Frau von der Bühne. Grummel fragt **scheinheilig**: „Frau Dürstein?"

Die junge Schauspielerin freut sich. Sie lacht über das ganze Gesicht und fragt zurück: „Sind Sie der Regisseur des neuen Krimis? Habe ich meine Sache gut gemacht? Bekomme ich die **Rolle** in Ihrem Film? Es wäre meine erste Fernsehrolle. Aber Herr Müller hat mir bei unseren Proben hier im Theater ja gesagt, dass Sie Leute suchen, die den Zuschauern im Fernsehen noch nicht bekannt sind."

Der Privatdetektiv staunt. Plötzlich wird ihm alles klar. Die junge Frau dachte bei ihren Anrufen in Kathrin Dürsteins Namen, dass es erste Proben für eine Filmrolle wären. Sie ist genauso in die Falle getappt wie er.

ϟ **an die Fersen heften**	Schritt für Schritt folgen
Laientheater *n*	Theater als Hobby
unterbrechen	vorübergehend stoppen
scheinheilig	nicht ehrlich
Rolle *f*	Aufgabe, eine andere Person im Theater oder im Film zu spielen

Übung 11: Verbinden Sie Haupt- und Nebensätze mit der richtigen Konjunktion.

und dass weil nachdem denn

1. Hausmeister Müller ist nicht in seinem Büro, __________ er an diesem Tag Theaterprobe hat.
2. Kommissarin Mohrer hat noch Zweifel an Müllers Schuld, __________ Grummel hat seinen Auftrag von einer Frau bekommen.
3. Der Detektiv begleitet die Polizistin bei ihren Nachforschungen __________ folgt ihr ins Theater.
4. Das Rätsel des Falls ist gelöst, __________ Grummel mit der Schauspielerin gesprochen hat.
5. Die junge Frau glaubt, __________ sie die Rolle der Kathrin Dürstein in einem Film spielen soll.

Noch bevor Grummel die **ahnungslose** Schauspielerin über ihre Rolle in einem echten Mordfall informieren kann, öffnet sich die Tür zum Proberaum. Hausmeister Müller tritt ein. Als er die junge Schauspielerin zusammen mit Grummel und der Kommissarin sieht, will er sofort **flüchten**. Doch Lena Mohrer ist schneller. Sie legt ihm **Hand-**

schellen an. „Ich nehme Sie wegen des Verdachts des Mordes an Max Dürstein und seiner Geliebten Irina fest.“
Müller beginnt zu weinen: „Die tote Frau war Irina? Das kann nicht sein. Sie war doch auf Geschäftsreise.“
Die Kommissarin klärt ihn auf: „Herr Dürsteins Freundin hat die Reise **kurzfristig** mit einer Kollegin getauscht.“
„Dann macht alles sowieso keinen Sinn mehr“, meint der Hausmeister. „Irina ist die Liebe meines Lebens. Ich habe Dürstein vergiftet, damit sie zu mir zurückkommt. Sie hat mich nur für ihn verlassen, weil er reich war.“

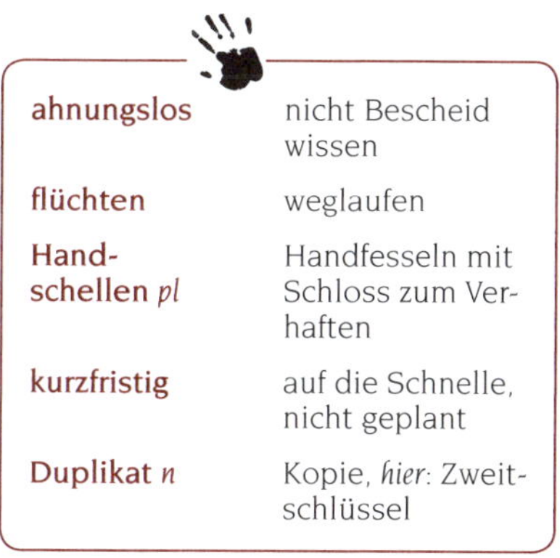

ahnungslos	nicht Bescheid wissen
flüchten	weglaufen
Handschellen *pl*	Handfesseln mit Schloss zum Verhaften
kurzfristig	auf die Schnelle, nicht geplant
Duplikat *n*	Kopie, *hier*: Zweitschlüssel

Müller wischt sich mit einer Hand die Tränen weg. „Stellen Sie sich vor: 250.000 Euro hatte der Typ in seiner Wohnung liegen. Einfach so, in Schränken und Schubladen. Ich habe das Geld für Irina und mich genommen. 50.000 davon haben Sie bekommen“, gibt er zu und schaut Detektiv Grummel dabei zum ersten Mal an. „Ich hätte Sie gerne im Gefängnis gesehen. Wenn Sie ein bisschen nachdenken, wissen Sie auch warum.“
„Und woher hatten Sie den Wohnungsschlüssel?“, fragt die Kommissarin.
„Dürstein hat mir seinen Schlüssel einmal für Reparaturarbeiten in der Wohnung gegeben. Ich habe ein **Duplikat** anfertigen lassen.“

„Ja, die Liebe zum großen Geld", meint Grummel kopfschüttelnd. „Zum Glück lebe ich **bescheiden**, sonst wäre Müllers Falle wirklich **zugeschnappt**."

„Ach, wer weiß." Lena Mohrer lacht. „Mit dem **Spürsinn**, den Sie in diesem Fall bewiesen haben, wären Sie bestimmt nicht für einen anderen ins Gefängnis gegangen."

Der Privatdetektiv lächelt zurück und sagt: „Nach dieser Erfahrung werde ich nie mehr **klagen**, wenn ich statt Mördern wieder untreue Ehemänner verfolgen darf."

bescheiden	mit wenig im Leben zufrieden sein
ϟ zuschnappen	*hier*: erfolgreich einfangen
Spürsinn *m*	Fähigkeit, Wichtiges schnell herauszufinden
klagen	*hier*: sich beschweren, jammern

Abschlusstest

Lösungen

Glossar

Verzeichnis der Übungen

Abschlusstest

Der stille Tod

Test 1: Setzen Sie das richtige Fragewort ein!

wer | warum | wohin | was | wo

1. ____________ geht Walter Rabenstein in der Nacht?
2. ____________ hört Walter in dem Busch?
3. ____________ findet den toten Grafen?
4. ____________ glaubt Luise dem Arzt nicht?
5. ____________ liegt Burg Rabenstein?

Test 2: Welche Antwort ist richtig? Kreuzen Sie an!

1. Welche Firma besitzt die Familie Rabenstein?
   - ❒ a) eine Weinhandlung
   - ❒ b) ein Weingut

2. Die Idee zu dem Mord hat Walter Rabenstein, als er an etwas Bestimmtes denkt. Was ist es?
   - ❒ a) Er denkt an seine Zeit an der Universität.
   - ❒ b) Er denkt an seine Geschäfte.

3. Worin hat Walter Rabenstein das Gift gelagert?

- ❒ a) in einem Beutel
- ❒ b) in einer kleinen Flasche

4. Was findet Luise bei der Beerdigung merkwürdig?

- ❒ a) Es sind viele Menschen aus dem Dorf gekommen.
- ❒ b) Der Pfarrer spricht über den Ring mit dem Familienwappen.

Test 3: Welches Wort passt nicht in die Reihe? Unterstreichen Sie!

1. Fluss, See, Weg, Bach
2. laufen, joggen, rennen, gehen
3. putzen, spielen, kochen, aufräumen
4. Flasche, Glas, Becher, Tasse

Tanz in den Tod

Test 4: Steigern Sie die unterstrichenen Adjektive!

mehr | besser | weniger | lieber

1. Patrick: „Ich hatte Elena sehr gern."

Sebastian: „Ich hatte sie noch ____________________."

2. Patrick: „Ihr Haar hat mir gut gefallen."

Sebastian: „Ihre Augen haben mir noch ____________________ gefallen."

3. Patrick: „Ich habe ihr nur wenig von dem Mittel gegeben."

Sebastian: „Ich habe ihr noch ________________ gegeben."

4. Patrick: „Ich habe jetzt viel zu verlieren."

Sebastian: „Ich habe noch ________________ zu verlieren."

Test 5: Welche Antwort ist richtig? Kreuzen Sie an!

1. Wieso ist Elena zusammengebrochen?

❒ **a)** Sie war neugierig und hat Drogen ausprobiert.

❒ **b)** Sie hat eine Überdosis K.-o.-Tropfen bekommen.

2. Kim hat Angst, dass sie Ärger mit ihrem Chef bekommt. Was ist der Grund dafür?

❒ **a)** Kim hat Elena nicht vor den K.-o.-Tropfen in ihrem Glas gewarnt.

❒ **b)** Kim hat die Gläser nicht sauber gemacht.

3. Woher kennt die Polizei die Adresse von Patrick Mertens?

❒ **a)** Sie steht in der Verbrecherdatei.

❒ **b)** Timo hat den Personalausweis fotografiert.

4. Wieso sitzt Sebastian am Bahnhof?

❒ **a)** Er wartet auf die Kommissare.

❒ **b)** Sein Zug hat Verspätung.

Test 6: **Timo Baran ist froh, denn jetzt ist der Fall ...**
Ergänzen Sie die Sätze und finden Sie das Lösungswort!
ö = oe

1. Viele Menschen in einer Reihe oder ein langes Tier ohne Beine nennt man eine _ _ _ _ _ _ ☐ _.

2. Eine sachliche Mitteilung über ein Ereignis ist ein _ ☐ _ _ _ _ _.

3. Dieser Hund ist nicht gefährlich, er ist h _ _ _ ☐ _ s.

4. Wenn du klingeln möchtest, drück auf diesen _ _ ☐ _ _.

5. Timo wächst ein Bart. Er will sich nicht r _ _ _ ☐ _ _ _.

6. Wenn Timo sich ärgert, ist er wie eine Zitrone, nämlich ☐ _ _ _ _.

7. Timos Lieblingsauto parkt in der ☐ _ _ _ g _ _ _ _ e.

Lösungswort: _ _ _ _ _ _ _

Eine mörderische Falle

Test 7: **Unterstreichen Sie die richtige Präposition!**

1. Detektiv Grummel fährt gerne zu / nach Hause.

2. Sein Heimatort ist im / in Odenwald.

3. Das Ehepaar Dürstein kommt aus / vom Hamburg.

4. Das Gift ist in / an den Weingläsern.

5. Grummel versteckt sich im Apartment hinter / über dem Sofa.

Test 8: Welche der folgenden Satzteile gehören zusammen? Ordnen Sie zu!

1. ☐ Der Privatdetektiv
2. ☐ Die Mordkommission
3. ☐ Der Hausmeister
4. ☐ Die Geliebte

a) kümmert sich darum, dass im Haus alles in Ordnung ist.

b) ist die Rivalin der Ehefrau.

c) ermittelt immer, wenn Menschen getötet wurden.

d) verfolgt auch Ehebrecher.

Test 9: Beantworten Sie die Fragen zum Text!

1. Warum ist Frau Dürstein keine zuverlässige Zeugin?

____

2. Warum will Hausmeister Müller Detektiv Grummel im Gefängnis sehen?

____

3. Wie war Müllers Nachname vor seiner Scheidung?

____

4. Welche Frau ist die große Liebe des Hausmeisters?

____

5. Wer liefert im Theater den Beweis für die Schuld des Mörders?

____

Lösungen

Der stille Tod

Übung 1: dem ein die dem der

Übung 2: ihm ihn Er sie

Übung 3: **waagerecht: 1.** RABENSTEIN **2.** LAUFEN **3.** STUDIUM **7.** TYPISCH
senkrecht: 4. WEIN **5.** FLUSS **6.** ADOPTIERT
Lösung: Er sieht den Loreley-Felsen.

Übung 4: **1.** Jahre **2.** Tage **3.** Zimmer **4.** Stimmen **5.** Betten

Übung 5: **1.** Paar **2.** Rose **3.** erlauben **4.** Nachmittag **5.** ganz **6.** Eingang
Lösung: P O L I Z E I

Übung 6: Kein, nichts, nicht, nicht, Nein

Übung 7: öffnet ist liegen interessiert weiß

Übung 8:

S	O						
I	C	H					
R	U	H	E				
S	T	A	R	K			
F	E	R	T	I	G		
S	C	H	I	F	F	E	
T	A	B	L	E	T	T	E

Die SCHRIFT auf dem Fläschchen sieht sehr merkwürdig aus, findet Luise.

Übung 9: **1.** kann **2.** müssen **3.** muss **4.** kann **5.** kann

Übung 10: **1.** Sommer **2.** Flaeschchen **3.** Rhein **4.** Nacht **5.** Urlaub **6.** Fuenf **7.** Joggen **8.** Abfall
Lösung: S C H A U F E L

Übung 11: lockere großen trockene großem schmalen hellbraunen

Übung 12: meine seine Mein seiner Unser

Tanz in den Tod

Übung 1: **1.** Unsere **2.** meine **3.** ihrem **4.** unseren **5.** deiner **6.** deinem

Übung 2: **1.** jung **2.** warm **3.** leise **4.** langsam **5.** voll

Übung 3: **waagerecht: 1.** BUNT **2.** FREUND **3.** MITKOMMEN **4.** HAND
senkrecht: 5. FISCH **6.** FAKTEN **7.** HEUTE **8.** TANZEN

Übung 4: lange roten schmale flaches schwarzes kleine hart fröhlich

Übung 5: **waagerecht:** Overall, Mantel, Schuhe
senkrecht: Hose, Jacke, Hemd

Übung 6: **1.** nicht **2.** nichts **3.** keine **4.** keinen **5.** nicht/keine

Übung 7: **1.** oft **2.** drinnen **3.** Nacht **4.** Anfang **5.** Theke **6.** Dortmund
Lösung: Lilli stellt den Gästen F R A G E N

Übung 8: **1.** kannst **2.** soll **3.** will **4.** musst **5.** braucht **6.** hat

Übung 9: **1.** von **2.** in **3.** Mit **4.** Für **5.** Bei

Übung 10: **waagerecht: 1.** GLAS **2.** REVIER **3.** JOB **4.** RIECHER
senkrecht: 5. JAHR **6.** BODEN **7.** TROPFEN **8.** DATEI

Übung 11: **1.** Sebastian hat eine Reisetasche dabei und ist vielleicht schon am Bahnhof. **2.** Lilli sitzt schon im Polizeiauto und informiert die Kollegen mit dem Funkgerät. **3.** Ich kenne den Fahrplan, weil ich oft mit dem Zug fahre. **4.** Lilli fährt schnell, denn wir wollen den Zug noch erreichen.

Übung 12: **1.** GEDAECHTNIS **2.** ENDE **3.** TELEFON **4.** BEFRAGUNG **5.** ADRESSE **6.** REISETASCHE **7.** NACHBAR **8.** WIRKUNG
Lösung: G E T R A E N K

Eine mörderische Falle

Übung 1: großen gemütlichen aufregenden untreue erfolgreichen junge

Übung 2: **1.** falsch (Er hat lange geschlafen und ist putzmunter.) **2.** falsch (Ein Handy klingelt.) **3.** richtig **4.** richtig

Übung 3: **1.** ELF **2.** VIERTEL NACH NEUN **3.** HALB ELF **4.** HALB NEUN **5.** ZEHN NACH ACHT
Lösung: F A L L E

Übung 4: **1.** unsere **2.** Sie **3.** sie **4.** Ihren **5.** ihr **6.** beiden

Übung 5: **1.** SPARSAM **2.** PARKPLATZ **3.** KREUZFAHRT **4.** RENTE **5.** WIESEN **6.** ALBTRÄUMEN **7.** ZEUGEN **8.** STRAND
Lösung: S P A N N E N D

Übung 6: **1.** Wo ist Frau Dürsteins Schlüssel? **2.** Ist er wirklich gestohlen worden? **3.** Wer kann noch einen Schlüssel für die Wohnung haben? **4.** Hat der Hausmeister einen Schlüssel für Notfälle?

Übung 7: **waagerecht: 1.** LACHEN **2.** SPRECHEN **3.** HOEREN
senkrecht: 4. SCHAUEN **5.** LAUSCHEN **6.** SEHEN **7.** GRINSEN

Übung 8: **1.** ab **2.** zu **3.** auf **4.** zurück

Übung 9: **waagerecht:** SCHEIDUNG, EHEFRAU
senkrecht: RACHE, GELD, GELIEBTE

Übung 10: **1.** gehört **2.** gewesen **3.** gehabt **4.** geworden **5.** erkannt

Übung 11: **1.** weil **2.** denn **3.** und **4.** nachdem **5.** dass

Abschlusstest

Der stille Tod

Test 1: **1.** Wohin **2.** Was **3.** Wer **4.** Warum **5.** Wo

Test 2: **1.** b **2.** a **3.** b **4.** b

Test 3: **1.** Weg **2.** gehen **3.** spielen **4.** Flasche

Tanz in den Tod

Test 4: **1.** lieber **2.** besser **3.** weniger **4.** mehr

Test 5: **1.** b **2.** a **3.** a **4.** b

Test 6: **1.** SCHLANGE **2.** BERICHT **3.** HARMLOS **4.** KNOPF **5.** RASIEREN **6.** SAUER **7.** TIEFGARAGE
Lösung: G E L O E S T

Eine mörderische Falle

Test 7: **1.** nach **2.** im **3.** aus **4.** in **5.** hinter

Test 8: **1.** d **2.** c **3.** a **4.** b

Test 9: **1.** Sie ist sehr kurzsichtig. **2.** Er will sich an dem Privatdetektiv rächen. **3.** Sein Nachname war Multobelli. **4.** Max Dürsteins Geliebte Irina ist die große Liebe des Hausmeisters. **5.** Die Schauspielerin liefert den Beweis.

Glossar

↯ = umgangssprachlich	*etw.* = etwas
f = feminin	*jd.* = jemand
m = maskulin	*jm.* = jemandem
n = neutral	*jn.* = jemanden
pl = Plural	*js.* = jemandes

↯ **abschütteln**	jn. loswerden
ab und zu	manchmal
abweisend	so, dass man jm. zeigt, dass man ihn nicht mag
jn. **adoptieren**	ein fremdes Kind als sein eigenes annehmen
Affe *m*	menschenähnliches Tier, z. B. Schimpanse, Gorilla
ahnungslos	nicht Bescheid wissen
Aktenmappe *f*	Ordner, in dem man wichtige Unterlagen aufbewahrt
Albtraum *m*	sehr schlechter Traum
↯ **anbaggern**	mit jm. flirten
Anblick *m*	das, was man sieht
einen **Anruf machen**	jn. anrufen
anschleichen	leise, vorsichtig an etw. heran gehen
Apfelweinviertel *n*	Stadtteil mit traditionellen Apfelweinlokalen
Apparat *m*	technisches Gerät

die **Arme verschränken**	die Arme vor dem Körper übereinander legen
↯ **ätzend**	sehr negativ, unangenehm
etw. **aufgeben**	etw. beenden, das keinen Erfolg bringt
aufgerissen	*hier*: so, dass es weit geöffnet ist
aufklären	*hier*: deutlich werden, lösen
aufregend	spannend, dramatisch
auftauchen	überraschend da sein
Auftrag *m*	bezahlte Aufgabe
Auftraggeberin *f*	Frau, die einen Auftrag erteilt, vergibt
Augenbraue *f*	schmaler Streifen Haare über dem Auge
aus den **Augen verlieren**	*hier*: jn. nicht mehr sehen können
aussagen	bei der Polizei oder vor Gericht sagen, was man gesehen oder gehört hat
ausscheiden	*hier*: nicht infrage kommen
ausschmücken	einem Text interessante oder spannende Details hinzufügen
austauschen	*hier*: besprechen
bankrott	man kann seine Schulden nicht bezahlen
bedauernd	mitfühlend, man wünscht sich ein anderes Ergebnis
Beerdigung *f*	einen Toten in einem Sarg in die Erde legen
Befragung *f*	Fragen der Polizei an jn., der verdächtig ist
Behauptung *f*	Aussage, die man nicht beweisen kann
Bericht *m*	sachliche Mitteilung über ein Geschehen
Berufsgeheimnis *n*	Verpflichtung, über berufliche Informationen zu schweigen
bescheiden	mit wenig im Leben zufrieden sein
beschließen	eine Entscheidung treffen
betrügen	*hier*: untreu sein
Betrunkene *m, f*	Person, die viel Alkohol getrunken hat

Beweisfoto *n*	Fotografie, die bestätigt, dass eine Vermutung zutrifft
blass	*hier*: keine Farbe im Gesicht haben
blättern	mehrere Seiten nur schnell ansehen, ohne sie zu lesen
Blaulicht *m*	blaues Signallicht auf dem Autodach der Polizei
⚡ **blöd**	dumm
Dachs *m*	Tier mir grauem Fell und schwarzen und weißen Streifen
Datei *f*	elektronisches Dokument
Dienstmarke *f*	kleiner Gegenstand, der z. B. Polizisten als Ausweis dient
Draht *m*	eine Art Schnur aus Metall
drängen	sich in einer Menge schiebend und drückend bewegen
dringen	durch etw. hindurch an eine bestimmte Stelle gelangen
Droge *f*	Stoff, der abhängig, süchtig machen kann
drohend	so, dass jd. Angst bekommt
dröhnend	so, dass es ein lautes, tiefes Geräusch macht
Dünger *m*	Mittel, damit Pflanzen besser wachsen
Duplikat *n*	Kopie, *hier*: Zweitschlüssel
durchhalten	nicht aufgeben
durchsichtig	so, dass man den Inhalt sehen kann
Ehebruch *m*	den Ehepartner mit einer anderen Person betrügen
Eiche *f*	eine Baumart
eilen	schnell gehen
es **eilig haben**	unter Zeitdruck sein, keine Zeit haben
einbrechen	ohne Erlaubnis in eine fremde Wohnung eindringen
sich **einmischen**	bei etw. aktiv sein, das einen nicht betrifft

Element *n*	*hier*: etw. für das Leben dieses Menschen besonders Wichtiges
emotional	mit starken Gefühlen
empört	verärgert, wütend
energisch	voller Energie, kräftig
entsetzt	schockiert, fassungslos
Erbe *m*	jd., der Gegenstände oder Geld von einem Verstorbenen erhält
ergänzen	vollständig machen, hinzufügen
Ermittlungen *pl*	Nachforschungen der Polizei
ermutigen	Mut machen
erschrecken	einen Schrecken oder Angst bekommen
Etikett *n*	Schild aus Papier an Waren
Eule *f*	nachtaktiver Vogel, lebt im Wald
Fakten *pl*	Tatsachen
Fall *m*	Angelegenheit; für die Polizei: Verbrechen, das bearbeitet werden muss
Falle *f*	ein falsches Spiel, um jm. zu schaden
ϟ *in die* **Falle tappen**	hereinfallen, von jm. betrogen werden
die **Faust ballen**	die Hand fest schließen
Feind *m*	das Gegenteil von Freund
ϟ *an die* **Fersen heften**	Schritt für Schritt folgen
festgenommen	von der Polizei verhaftet, man kann nicht mehr entscheiden, wohin man geht
Festnetznummer *f*	Telefonnummer für eine Wohnung oder ein Büro
Feuerstelle *f*	Ort, an dem ein Feuer gemacht wird
fieberhaft	mit großer Aufregung
flackernd	so, dass es sich schnell und ungleichmäßig bewegt
flirten	jm. durch sein Verhalten zeigen, dass man ihn mag

flüchten	weglaufen
Folge *f*	*hier*: Konsequenz
fortfahren	weitermachen
freiwillig	aus eigenem Willen, es selbst wollen
Friedhof *m*	Ort, wo Tote beerdigt sind
Funkgerät *n*	elektrisches Gerät, mit dem z. B. die Polizei Sprachnachrichten senden und empfangen kann
Gänsehaut *f*	Reaktion der Haut bei Angst oder Kälte
Gartenhäuschen *n*	kleines Haus oder Hütte im Garten
Gedächtnis *n*	Fähigkeit, sich an etw. zu erinnern
Geist *m*	nicht reales Wesen ohne Körper
Geliebte *f*	*hier*: Frau, mit der ein verheirateter Mann ein Liebesverhältnis hat
gemütlich	bequem, angenehm
genervt	so, dass man jn. oder etw. gar nicht mag und als sehr störend oder lästig empfindet
genial	außergewöhnlich, besonders gut
gepflegt	in einem guten, sauberen Zustand
geschockt	sehr stark erschrocken
Geste *f*	Handbewegung
Gewalttat *f*	kriminelle Tat, die jm. körperlichen und/oder seelischen Schmerz zufügt
Glatze *f*	keine Haare auf dem Kopf haben
Grab *n*	Loch in der Erde, in das ein Toter bei der Beerdigung gelegt wird
Graf *m*	Teil eines alten Familiennamens
grinsen	breit lächeln
Grube *f*	ein größeres Loch in der Erde
etw. **gründen**	etw. neu schaffen
ϟ **gut drauf sein**	fröhlich
hämisch	böse, boshaft
handeln mit	kaufen und verkaufen

Handschellen *pl*	Handfesseln mit Schloss zum Verhaften
Harke *f*	Werkzeug, um Erde glatt zu machen
harmlos	nicht gefährlich
Haushälterin *f*	Frau, die sich um den Haushalt kümmert
Hausmeister *m*	Beruf: sorgt dafür, dass im Haus alles funktioniert und in Ordnung ist
hellwach	sehr wach
das Herz klopft	das Herz schlägt schnell
Herzinfarkt *m*	Störung der Funktion des Herzens
Herzversagen *n*	das Herz schlägt nicht mehr
Hochhaus *n*	hohes Haus mit vielen Etagen, aber oft nicht so hoch wie ein Wolkenkratzer
Holzschnitzerei *f*	Handarbeit aus Holz
Honorar *n*	Bezahlung für Arbeit
hügelig	wellig, gebirgig
hundertprozentig	völlig, absolut
ICE *m*	Kurzwort für Inter-City-Express, Schnellzug der Deutschen Bahn
Identifizierung *f*	sichere Wiedererkennung
illegal	vom Gesetz nicht erlaubt
Jahrhundert *n*	einhundert Jahre
jederzeit	immer, zu jeder Zeit
jedoch	aber
K.-o.-Tropfen *pl*	Mittel, das zum Knock-out, also zu Bewusstlosigkeit führt
Kamin *m*	offener Ofen in einem Zimmer
klagen	*hier*: sich beschweren, jammern
ϟ klappen	funktionieren
Klicken *n*	*hier*: kurzes metallisches Geräusch
Klingelknopf *m*	Knopf neben der Tür. Wenn man ihn drückt, gibt es ein lautes Geräusch.
Kombination *f*	verschiedene Dinge zusammen
kontrollieren	prüfen

den **Kopf abwenden**	den Kopf zur Seite drehen
den **Kopf hängen lassen**	mutlos sein
den **Körper straffen**	eine aufrechte Haltung annehmen
krachend	mit einem lauten Geräusch
Krankenpflegerin *f*	Frau, deren Beruf es ist, Kranke (im Krankenhaus) zu versorgen
Kreuzfahrt *f*	große Reise mit dem Schiff
Kripo *f*	kurz für Kriminalpolizei
Kunde *m*	jd., der etwas kauft
kurzfristig	auf die Schnelle, nicht geplant
kurzsichtig	nur in der Nähe ohne Brille gut sehen können
Laden *f*	*hier*: Geschäft, in dem Ware verkauft wird
Laientheater *n*	Theater als Hobby
ϟ *bei jm.* **landen**	*hier*: bei jm. Erfolg haben, von jm. Sympathie bekommen
lästig	störend, unangenehm
lauschen	horchen, aufmerksam zuhören
Leiche *f*	toter Mensch
leidenschaftlich	sehr emotional, mit viel Gefühl
Lieblingskneipe *f*	favorisierte Gaststätte
Liege *f*	schmales tragbares Bett
locken	*hier*: ködern, jm. etw. versprechen
ϟ *etw.* **los sein**	*hier*: etw. nicht mehr haben
Meisterdetektiv *m*	einer der besten Detektive
missraten	*hier*: nicht den Erwartungen entsprechen
Missverständnis *n*	Irrtum, Fehler
ϟ **Mist** *m*	wertlose, schlechte Dinge
mitnehmen	*hier*: emotional stark belasten
Mordkommission *f*	Abteilung der Polizei, die sich um Morde kümmert
Motiv *n*	Grund
muffig	mit schlechtem Geruch

Mund-zu-Mund-Beatmung *f*	Erste Hilfe bei Menschen, die nicht mehr atmen
murmeln	sehr leise und undeutlich sprechen
Nachforschung *f*	nach Ursachen, Gründen oder Beweisen suchen
nachhaken	nachfragen
sich **nähern**	näherkommen
nervös	unruhig, nicht entspannt
Notfall *m*	Situation, die schnelles Handeln erfordert, um ein Unglück oder etw. Schlimmes zu verhindern
Ordner *m*	*hier*: Hefter zur Ablage von Dokumenten
Overall *m*	einteiliges Kleidungsstück, das den ganzen Körper bedeckt, oft Arbeitskleidung
Panik *f*	so starke Angst, dass man weglaufen möchte
Papagei *m*	bunter, exotischer Vogel, der sprechen kann
Papierkorb *m*	Behälter für Abfälle aus Papier
peinlich	unangenehm, beschämend
Pfarrer *m*	Priester
Pharmazie *f*	Wissenschaft, die sich mit Medikamenten beschäftigt
Polizeirevier *n*	Arbeitsplatz der Polizei
pressen	fest drücken
Privatdetektiv *m*	Beruf: ermittelt und beobachtet Personen im Auftrag von Privatpersonen
provozieren	etw. tun, um jn. zu ärgern
Puls *m*	Bewegung des Blutes durch den Herzschlag
ϟ putzmunter	sehr wach, in bester Verfassung
rächen	Vergeltung für eine Tat üben
rachsüchtig	dauernd an Rache denken

rascheln	Geräusch, wenn sich Blätter bewegen
rasieren	Haare sehr kurz schneiden oder entfernen
ratlos	so, dass man nicht weiß, was man tun soll
Rauschen *n*	Geräusch von fließendem Wasser
sich **räuspern**	leicht husten
Rebe *f*	Pflanze, an der Weintrauben wachsen
Recht haben	*hier*: das Richtige vermutet haben
Rechtsanwalt *m*	Verteidiger, Berater in Rechtsangelegenheiten
Rede *f*	offizielles Sprechen vor anderen Menschen
regungslos	ohne Bewegung
Rente *f*	monatliche Geldzahlung, Pension (*hier*: nach dem Berufsleben)
Rettungswagen *m*	spezielles Auto, um Verletzte ins Krankenhaus zu bringen
Revier *n*	Gebäude, in dem die Polizei arbeitet
ϟ **Riecher** *m*	Nase, *hier*: richtige Ahnung
Rolle *f*	Aufgabe, eine andere Person im Theater oder im Film zu spielen
Ruck *m*	plötzliche, kräftige Bewegung
etw. hinter js. **Rücken tun**	etw. heimlich tun
Rucksack *m*	Tasche, die man auf dem Rücken trägt
Ruhe still	letzter Wunsch für einen Toten
Sanitäter *m*	Person, deren Beruf es ist, Kranken oder Verletzten schnell zu helfen
ϟ **sauber**	*hier*: sehr gut
ϟ **sauer**	so, dass man sich über etw. sehr geärgert hat
schadenfroh	sich über das Unglück anderer freuen
Scheidung *f*	offizielle Trennung einer Ehe
scheinheilig	nicht ehrlich
scheitern	keinen Erfolg haben
ϟ **Schiss** *m*	Angst
Schlange *f*	langes, schmales Tier ohne Beine

schleichen	leise und vorsichtig gehen
schluchzen	lautes, heftiges Weinen
schlüpfen	sich schnell und gleitend bewegen
Schlüsselanhänger *m*	kleine Figur am Schlüssel
Schlüsseldienst *m*	Firma, die Schlüssel herstellt oder im Notfall verschlossene Türen öffnet
Schnur *f*	*hier*: elektrisches Kabel
↯ *jm. etwas in die* **Schuhe schieben**	einen anderen beschuldigen, aber man hat es selbst getan
↯ *mit den* **Schultern zucken**	plötzliche Bewegung mit den Schultern machen
Schweißperle *f*	Schweißtropfen; Wasser, das von der Stirn tropft, wenn man schwitzt, z.B. beim Sport
jm. wird **schwindlig**	Gefühl, dass sich alles dreht
seufzen	so ausatmen, dass ein Geräusch entsteht
spannend	aufregend, sehr interessant
sparsam sein	nicht viel Geld ausgeben
speichern	in einem Computer oder Handy aufbewahren
↯ *im* **Spiel sein**	beteiligt sein
Spinne *f*	kleines Tier mit acht Beinen, es baut sich ein Netz
Sprechanlage *f*	Lautsprecher-Verbindung von der Wohnung zur Haustür
Spruch *m*	kurzer Merksatz, oft mit nützlicher Aussage
Spülbecken *n*	fest montiertes Gefäß, in dem man Geschirr mit Wasser säubert
Spürsinn *m*	Fähigkeit, Wichtiges schnell herauszufinden
starr	steif, nicht beweglich
starren	intensiv in eine Richtung sehen

stehlen	fremdes Eigentum wegnehmen, rauben
stockdunkel	vollständig dunkel
stopfen	*hier*: unordentlich hineinpacken
stottern	nicht flüssig sprechen
strubbelig	zerzaustes, unordentliches Haar
stumm	ohne etw. zu sagen
↯ **stürmen**	*hier*: schnell laufen
Tafel *f*	große Fläche zum Schreiben, z.B in der Schule
tasten	etw. vorsichtig mit den Händen suchen
Täter *m*	Person, die etw. getan hat
Tätowierung *f*	dauerhaftes Bild auf dem Körper
Testament *n*	schriftliche Erklärung darüber, wer nach dem Tod das Geld oder andere Dinge bekommt
Theke *f*	hoher Tisch in einem Lokal, an dem es Getränke gibt
Tiefgarage *f*	Parkplatz für Autos unter der Erde
tippen	mit dem Finger berühren
trauen	vertrauen, glauben
Tropfen *m*	sehr kleine Menge einer Flüssigkeit
Türsteher *m*	Person, die Gäste am Eingang kontrolliert
↯ **Typ** *m*	Person, Mann, Kerl
typisch	kennzeichnend, charakteristisch
Überdosis *f*	zu viel von etwas
übereinstimmen	identisch, gleich sein
Überwachungskamera *f*	Kamera, die aufzeichnet, was im oder vor einem Haus geschieht
umbringen	jn. töten
ungemütlich	so, dass man sich nicht wohlfühlt
ungläubig	mit Zweifeln
unheimlich	so, dass etw. Angst macht
unterbrechen	vorübergehend stoppen
Unterlagen *pl*	Dokumente, Papiere

Unterstützung *f*	Hilfe
untreu	*hier*: die Ehefrau/den Ehemann mit einer anderen Person betrügen
verantwortungslos	jd. macht etw. leichtsinig, ohne nachzudenken
verbergen	verheimlichen, verstecken
Verbrechen *n*	vom Gesetz verbotene Handlung, die bestraft wird
verbunden	Gegenteil von getrennt
Verdacht *m*	Vermutung, dass jd. schuldig ist
ϟ **verdammt**	ärgerlich, sehr unangenehm
Verfolgungsjagd *f*	jn. schnell und längere Zeit verfolgen
verführen	*hier*: jn. durch Flirten für sich gewinnen
vergesslich	sich schlecht an etwas erinnern können
vergiften	*hier*: jn. mit Gift töten
verhaften	ins Gefängnis bringen
verrenkt	*hier*: in einer seltsamen Position
verschlossen sein	*hier*: keine Gefühle zeigen
verschwinden	nicht mehr zu finden sein
verständnislos	etw. nicht verstehen können
vertreiben	*hier*: etw. beseitigen
jn. **vertreten**	vorübergehend die Aufgaben, die Arbeit eines anderen übernehmen
verzweifelt	ohne Hoffnung
Vieh *n*	*hier*: Schimpfwort für Tier
Visitenkarte *f*	kleine Karte mit Name, Adresse (der Arbeitsstelle) und Kontaktdaten
Vorfall *m*	plötzliches, unerwartetes, meistens negatives Ereignis
Vorhang *m*	Stoff, den man vor das Fenster ziehen kann
vorläufig	für eine unbestimmte Zeit, vorübergehend
zum **Vorschein kommen**	sichtbar werden
währenddessen	zur gleichen Zeit

Wahrscheinlichkeit *f*	die Möglichkeit, dass etwas wirklich geschieht oder wahr ist
Wappen *n*	Zeichen, Symbol einer Familie
warnen	sagen, dass etw. gefährlich oder schwierig ist
sich einen **Weg bahnen**	einen Weg zwischen vielen Menschen hindurch schaffen
ϟ **wegschnappen**	wegnehmen
sich **wehren**	sich verteidigen
ϟ **Weiberheld** *m*	Mann mit häufig wechselnden Beziehungen
Weingut *n*	Firma, die Wein produziert
sich **wenden an**	eine Frage oder eine Bitte an eine Person richten
jm. etw. **wert sein**	viel bedeuten, wichtig sein
Wirtschaftswissenschaft *f*	Wissenschaft, die sich mit Firmen und Finanzen beschäftigt
Wolkenkratzer *m*	sehr hohes Gebäude
wütend	sehr verärgert sein
auf **Zehenspitzen**	*hier*: ganz leise und vorsichtig gehen
Zeuge, Zeugin m/f	Person, die bei einem Verbrechen etw. gesehen oder gehört hat
ϟ **zickig**	(abwertend) so, dass jd. eigene Vorstellungen und Pläne hat und nicht die Vorstellungen und Pläne des anderen übernehmen will
zögernd	nicht sofort, nur langsam beginnend
etw. **zugeben**	sagen, dass man etw. getan hat
Zugang verschaffen	*hier*: es ermöglichen, eine Wohnung zu betreten
zurückweichen	sich nach hinten bewegen
zusammenbrechen	hinfallen, weil man zu schwach ist
ϟ **zuschnappen**	*hier*: erfolgreich einfangen
jm. etw. **zutrauen**	glauben, dass jd. etw. tun kann
zuverlässig	man kann der Person vertrauen

Verzeichnis der Übungen

	Schwerpunkt	Übung	Seite
Der stille Tod			
1	Grammatik	Artikel	7
2	Grammatik	Pronomen	9
3	Wortschatz	Kreuzworträtsel	11
4	Grammatik	Plural	13
5	Wortschatz	Worträtsel	15
6	Grammatik	Verneinung	18
7	Grammatik	Verben	21
8	Wortschatz	Treppenrätsel	23
9	Grammatik	Modalverben	25
10	Textverständnis	Fragen zum Text	29
11	Grammatik	Adjektive	30
12	Grammatik	Possessivpronomen	33
Tanz in den Tod			
1	Grammatik	Possessivpronomen	38
2	Wortschatz	Antonyme	40
3	Wortschatz	Kreuzworträtsel	42
4	Grammatik	Adjektive	44
5	Wortschatz	Suchrätsel	46
6	Grammatik	Verneinung	47
7	Wortschatz	Worträtsel	52
8	Grammatik	Verben	54
9	Grammatik	Präpositionen	57

	Schwerpunkt	Übung	Seite
10	Wortschatz	Kreuzworträtsel	62
11	Grammatik	Satzsalat	66
12	Textverständnis	Fragen zum Text	68
Eine mörderische Falle			
1	Grammatik	Adjektive	71
2	Textverständnis	Richtig oder falsch?	75
3	Wortschatz	Uhrzeit	79
4	Grammatik	Pronomen	81
5	Wortschatz	Worträtsel	85
6	Grammatik	Fragesätze	87
7	Wortschatz	Kreuzworträtsel	91
8	Grammatik	trennbare Verben	93
9	Wortschatz	Suchrätsel	96
10	Grammatik	Perfekt	97
11	Grammatik	Konjunktionen	100
Abschlusstest			
1	Wortschatz	Fragewörter	104
2	Textverständnis	Fragen zum Text	104
3	Wortschatz	Schwarzes Schaf	105
4	Grammatik	Adjektive	105
5	Textverständnis	Fragen zum Text	106
6	Wortschatz	Fragen	107
7	Grammatik	Präpositionen	107
8	Textverständnis	Satzteile zuordnen	108
9	Textverständnis	Fragen zum Text	108